JN223873

工場法小史

八時間労働発祥の地碑

（神戸港ハーバーランド）

著者撮影

横田　隆

まえがき

　工場法は明治 44（1911）年 3 月 28 日に公布され、大正 5（1916）年 9 月 1 日に施行された法律で、昭和 22（1947）年 9 月 1 日、労働基準法の施行にともない廃止されました。

　工場法の施行以前、明治維新後に勃興する工場はほしいままに営業していたのではなく、地方の行政庁（廳府県）は広範囲の工場の設置を事前許可制とした規則を定め、工場からもたらされる災厄の予防に努め、特に、工場と四隣住民との関係、つまり公害防止に格別の配慮をしていました。全国を統一した工場取締法、つまり工場法という名の法律が施行されてからは、これらの規則はその傘下に収められ実体としての工場法を形成しました。小史**第Ⅰ章「工場法施行以前の工場取締」**の叙述は、この府県規則から始めます。

　工場法立法当時、担当官庁である農商務省の工務局長としてその実現に尽力された岡實氏の古典「工場法論」（大正 2（1913）年発行）第一編第一章「工場法制定の沿革」には、「此等ノ法規カ制定セラルル迄ニハ實ニ約三十箇年星霜ヲ積ミ」に始まり 1 頁から 143 頁に至るまで、沿革がくわしく説明されています。小史**第Ⅱ章「工場法の制定、施行へ」**では、沿革のことは省き、明治 43（1910）年 12 月 3 日付け閣議書「工場法案・理由書」に立ち帰り、戦後、工場法廃止後に編さんされた「厚生省二十年史」（昭和 35 年刊）、「労働行政史第一巻」（昭和 36 年刊）、「商工政策史第八巻工業労働」（昭和 37 年刊）、「内務省史」（昭和 45 年刊）、「厚生省五十年史記述編」（昭和 63 年刊）などが述べるところの工場法の制定理由と対比し、歴史の叙述がその編さんされた時代の思潮に影響されるものかを通覧します。なお、小史の岡實「工場法論」の引用は「改訂増補工場法論」大正 6 年 9 月 12 日有斐閣発行によります。

　大正 7（1918）年 3 月 30 日、待望の第一回工場監督年報が報告されます。行政当局が、明治維新から半世紀を経た、当時のわが国の工業の状況をどのように認識していたか、また、今から一世紀前の工業の姿を表すものですので、小史**第Ⅲ章「工場法の施行」**では、これを細かく見ます。それと、工場法施行後の府県の工場取締規則との関係を確認します。

　大正 5（1916）年施行後の工場法は、その守備範囲である課題に順次取り組みます。小史**第Ⅳ章「工場法の展開」**では、その取り組みを、"児童労働の排除"、"深夜業の禁止"、"職工の扶助から健康保険法へ"から始め、時代の変化に応じ、どのように対応してきたのかを小史**第Ⅴ章「労働基準法の誕生と工場法の廃止」**に至るまで、いくつかの課題に分けて見ます。工場法すなわち女工哀史、工場法すなわちザル法だけではないことが理解されるものと思います。

　小史の始まりは明治 10（1877）年大阪府布達、終わりは昭和 22（1947）年の工場法廃止までの 70 年間ですが、工場法がどのように展開され、労働基準法等に継承され、また継承されなかったのかを見ていきたいと思っています。

　なお、本文の〔亀甲括弧〕内は著者の注記です。資史料の典拠は、本文の読み流しやすさを考慮し、本文中に示しました。文中、氏名の敬称は略させていただきました。

　令和元（2019）年 10 月

横田　隆

工場法小史　　目次

工場法小史

第Ⅰ章　工場法施行以前の工場取締

　明治維新後、資本制による工場が多数設立され、そこからもたらされる商品は人々に大きな便益をもたらし、近隣住民には雇用の機会を提供しその生活の向上に寄与しました。反面、そこで働く幼少の者には勉学の機会を失わせ、婦女子には低賃金・長時間労働、男女・年齢を問わず労働災害、近隣住民には公害といった弊害をもたらしました。

　このような弊害を除去、緩和させることを目的に工場法が明治 44(1911) 年 3 月 28 日公布され、大正 5(1916) 年 9 月 1 日に施行されました。工場法の施行以前、勃興する工場の取締は放置されていたのではなく、全国を統一した工場取締法令、つまり工場法という名の法律がなかったということで、地方行政庁（道府県、以下は府県といいます）は広範囲の工場の設置を事前許可制とした規則を定め、災厄の予防に努め、特に、工場と四隣住民との関係、つまり公害防止に格別の配慮をしていました。以下、府県の工場取締規則につきみていきます。

　日本の工業化の始まりの時期、各地の工業化の進展を追いかけて、府県の工場取締規則が布達されます。明治維新から日清戦争開戦（明治 27(1894) 年 8 月 1 日）までに布達された「**工場及び職工に関する廳府県令**」を公布日順に 表1 （23-24 頁）に示します。

〔府県の工場取締規則は、国立国会図書館デジタルコレクション（以下、NDL と略します）の農商務省商工局編「工場及職工ニ関スル廳府県令」明治 43 年 11 月 25 日、「同（建築、設備其ノ他製造所）」・「同（原動機、職工の募集周旋）」大正 6 年 4 月第 5 輯甲・乙などで閲覧できます。〕

（1）最先の工場建設に関する取締規則
－明治 10(1877) 年大阪府布達第 123 号「鋼折鍛冶湯屋三業取締規則」

　まえがきに述べました岡實「工場法論」には、「我国ニ於テ最先ニ工場建設ニ関スル取締規則ヲ発布シタルハ大阪府ニシテ、明治十年五月ノ昔ニ於テ既ニ製造場取締ニ関スル規則ヲ設ケタリ。」としています(147 頁)。戦後刊行された労働省編著「労働行政史第一巻」（昭和 36 年 3 月 5 日労働法令協会発行）もこれを踏襲し、「当時各府県にかける工場および職工に関する取締を目的とした規則について一言しておくと、このような取締規則は工場そのもの建設に関するもの、汽罐機械の取締に関するもの、職工募集の取締に関するものに大別することができる。まず、工場そのものの取締に関するものとしては、一〇年五月大阪においてはじめて製造所取締規則が発布され、次いで一四年には東京府において「製造所管理ニ関スル布達」が発布された。」とあります(19 頁)。

　大阪において、わが国で始めて設けられたこの製造所取締に関する規則といわれるものは、明治 10 年 5 月 23 日付大阪府布達第 123 号「鋼折鍛冶湯屋三業取締規則」（表1No.1)

を示します。布達の内容は、「諸職業中鋼折〔"はがねかじ"〕鍛冶湯屋等は合壁近隣の者共地響又は汚穢喧囂〔やかましい〕なるより健康上の妨害をなす段往々苦情相 聞 候」で始まり、「鋼折業の者は人家稠 密ならざる村落又は四方五間〔1 間は、ほぼ 1.8m〕以上の空地を構える場所へ来たる十一年三月迄に転移いたすべき」、空地があっても「其構外四方三十間以内の人家え協議を遂げ承諾の証を得べし」、「鍛冶業の者は、釘・刃物・鍋・釜・鋳物師等を除き、蒸汽罐・錨等の如き其他大鍛冶をなし地響甚だしきものは鋼折同様の事」、「釘・刃物・鍋・釜・鋳物師等と 雖 も、新規開業の者は四方三十間以内の人家え協議を遂げ承諾の証を得て願出るべきこと」、「湯屋業の者は四方十五間以内の人家且つ汚水流し溝下六十間迄の人家え協議を遂げ、承諾の証を得て願出るべきこと」と、厳しいものです。

　この内容は、今日から言えば、公害防止を目的とする工場立地にあるといえます。この布達を、公害史を研究される方は、「わが国最初の公害規制法規であった」と評価されます（小田康徳「近代大阪の工業化と都市形成」2011 年 5 月 20 日明石書店 199 頁）。

　東京の「製造所管理ニ関スル布達（製造所建設等出願方布達）」（表1 No.4）は、明治 14 年 8 月 1 日に発布され、諸製造・貯蔵所 69 業を列挙し、今後警視廳が管理することを宣言し、建設改造増設変更に際しては建造物・地所図面を添え出願することを求めたものです。この布達に列挙されている以下の製造所は、明治 14 年当時、すでに実在していた取扱い所又は製造所の反映でしょう。維新後、猛烈な勢いで新しい物が広がっていったことがうかがえます。

　瓦斯製造所、石炭テール〔コールタール〕を原料とする物品の製造所、テレピン油〔松材から採取する溶剤〕製造所、ペッチ〔コールタールピッチ〕製造所、漁油精製所、塩酸硝酸硫酸其他揮発激烈の舎密〔化学〕物等製造所、マッチ製造所、焼酎亜爾格爾〔アルコール〕醸溜所、溶鉱所、玻璃〔ガラス〕製造所、煉化瓦類陶造所、石膏石灰製造所、蛎殻灰製造所、紙漉所、襤褸精化所、陶器製造所、石鹸製造所、澱粉製造所、薄荷油及び薄荷脳製造所、依的児〔エーテル〕製造所、鉛白〔塩基性炭酸鉛〕製造所、密陀僧〔酸化鉛〕製造所、仮漆〔ニス〕製造所、印刷墨汁〔黒インク〕製造所、蠟及封蠟製造所、練炭製造所、石炭を燃料に使用する煙突を有する製造所、藍靛〔らんてん・インジゴ〕製造所、蛹油製造所、革染場、火綿(綿火薬)を原料とする物品製造所、石蝋燭製造所、松根油製造所及松根油、テレピン油を原料とする物品製造所、瀝 青 氈〔氈は敷物、舗装材〕、アスパルト〔アスファルト〕製造所、弾力護謨製造所及護謨引護謨細工所、ペンキ製造所、坩堝製造所、電気用製炭所、炭焼所、煙草茎灰製造所、絵具製造所、西洋染物工場、燐寸軸木製造所、砂糖再製所、砂糖蜜製造所、缶詰製造所、食塩製造所、鉛筆製造所、亜鉛鍍金製造所、被覆電線製造所、靴墨製造所、硫酸鉄・硫酸銅・亜砒酸・昇 汞〔塩化第二水銀〕・塩素酸加留謨〔カリウム〕、赤色酸化汞〔酸化水銀〕、格魯児加児基〔クロールカルキ、さらし粉〕、沃度〔ヨード〕、炭酸曹達〔炭酸ナトリウム〕、樟脳、竜脳〔竜脳樹から採取〕、過燐酸〔$H_4P_2O_8$〕、石灰其他有臭有害の瓦斯又は蒸気を発生する製造所、瓦斯・電気及石油機関を原動機として使用する製造所及工場

（2）蒸気汽罐（ボイラー）の普及とその検査の始まり
― 明治 19（1885）年長野県蒸汽汽罐取締規則

著者撮影

　大阪の南海本線堺駅の東北方、府営 戎 島住宅の南東隅に明治天皇御駐 蹕之跡の石碑
があります〔駐蹕 "ちゅうひつ"、天子の行幸中、一時のりものをとどめること「広辞苑」〕。
　石碑の右下に「堺紡績所跡」の説明板があります。
　「堺＜戎島＞紡績所は、明治 3 年（1870）日本で 2 番目に設立された洋式紡績工場です。」
　「明治 5 年に国有にされたのち明治 11 年には民営化され、岸和田紡績会社への合併吸
収を経て昭和 8 年に閉鎖されるまで日本の綿糸紡績業の先駆として重要な位置を占めて
いました。」
とあります。日本で 1 番目に設立された洋式紡績工場は、慶応 3（1867）年薩摩藩鹿児島
紡績所です。堺紡績所は、薩摩藩鹿児島紡績所の分工場に位置づけられています。五代友
厚が両紡績所の機械の輸入、工場創設に深く関与しています。官営模範製糸工場・富岡製
糸場は明治 5 年開業ですので、堺紡績所の後になります。
　説明板には「工場内の様子を伝える錦絵」があります。

〔この錦絵・戎島紡績所図は、大阪府立中之島図書館が平成 22 年度に収蔵されました。〕

機械の脇に工程順に、ぼかし〔混打綿〕、志のまき〔梳綿〕、阿らそ〔練篠〕、中そ〔粗紡〕、仕上げと記されています。絵の右端に、原動機を担当するマゲ姿の男が見え、その動力源であるボイラーは右下方レンガ造りの煙突から排煙が出ているのでそれとわかります。洋式紡績工場という意味の中に、ボイラーを使用したということが含まれており、堺紡績所は鹿児島に次ぎ、日本で2番目にボイラーが据え付けられた紡績工場となります。ボイラーが、イギリス産業革命において重要な働きをしたことはよく知られていることですが、明治維新後、日本工業化にも重要な原動力となりました。

〔混打綿〕：綿打ち、ほぐした綿をシート状に整え、ラップと呼ばれる厚さ約3cmのマットを作る。
〔梳綿〕：ラップをときほぐし、向きを揃え、スライバーという柔らかな綿の太いロープをつくる。
〔練篠〕：スライバーを数本合わせてローラーに挟み引き延ばし練条スライバーにする。
〔粗紡〕：これをローラーに通し、約5倍に引き延ばし撚りをかけ、うどんぐらいの紐状の糸（粗糸）にする。
　藤木勝「綿から糸を作る道具と機械の物語」（家政教育社2013年1月10日）31～32頁から引用

　歯車に油を差す男の左、黒い機械は蒸気機関（原動機、エンジン）です。蒸気力でピストンを往復運動させ、これを回転運動に転換し、はずみ車を回転させています。はずみ車の回転は、ベルトを通じ、各機械に伝動されています。ボイラーが動力源（原動機）として使用された様子がよくわかります。はずみ車の回転を発電機に伝動させると電気が生じます。この電気を使い電灯をともしたことが、24時間操業の技術的基礎となりました。

〔名古屋市にあるトヨタ産業技術記念館には蒸気機関(500馬力)が動態保存されており、日に数回デモ運転されています。同館の繊維機械館は、その解説とともに優れた展示をされています。〕

　一方、ボイラーは爆発、破裂、火災等の危険があるため、早くから警察行政上の取締対象となりました。東京では明治10年11月21日「蒸汽汽罐を装置する諸製造所の建設願出の事」（表1 No.2）、大阪（当時は大坂）は明治15年2月15日「火力蒸汽力又は爆発物を取扱う製造所設置願いの件」（表1 No.5)の布達を出し監視をはじめています。今日、労働安全衛生法を構成する重要な規則である「ボイラ及び圧力容器安全規則」の始まりです。
　ちなみに、「明治15年大阪府統計書」によれば、府下の蒸気器械を有する製作工場は、
（1）鉱銅線（重富藤兵衛／北久太郎町）20馬力
（2）藍（五代友厚／堂島浜通）40馬力
（3）洋紙（真島襄一郎／玉江町）20馬力
（4）木綿綛糸（渋谷虎之助／堂島浜通）30馬力
（5）砂糖（真島襄一郎／玉江町）20馬力
（6）硫酸製造（協同結社／西成郡）気筒一臺、ドンキーポンプ1基　25馬力
（7）綿糸紡績（川嵜庄左衛門／堺戎島　明治14年に譲り受け）20馬力
となっています。
　「労働行政史第一巻」には、「汽罐機械取締に関する規則は一六年一月福岡県において発布されたのをはじめとしてその後主要府県において発布された」とあります（19-20頁）。

岡實「工場法論」は、「汽罐汽機取締ニ関スル規則ハ各府県周ク之ヲ設ク、最先ニコノ種ノ取締規則ヲ設ケタルハ長野ニシテ東京之ニ次ク」とします（124頁）。

　福岡か長野か、どちらが先か疑問になります。明治16年1月福岡県布達の実物は見つからず、同年4月23日に「明治一六年一月第三号布達**蒸気器械及烟筒火竈取締規則**中第二條割注湯屋ノ下ニ」云云と書かれた改正布達の存在は確認できました。NDL「現行福岡県布達類聚第2篇下(264-265頁)」に明治11年12月17日「蒸気及ヒ水車器械瓦焼屠獣牧畜営業規則」とあります。福岡県立図書館に照会したところ、「お探しの布達文を図書館で確認することは難しいと思われます。」との親切な返事をいただいています。福岡県布達はその標題から、以下に説明します長野県の蒸汽汽罐取締規則のごとくボイラー取締に特化したものではないことは明らかです。

　ボイラー取締の中核はその缶体検査ですが、明治19（1886）年3月10日、長野県が全国に先駆け布達した「蒸汽汽罐取締規則」（「長野県警務規程」第六章蒸汽汽鑵取締規則619－622頁、NDL）がその始まりと言えます。この規則は13条からなり、汽罐の使用には検査証を得ること、罐ごとに験水計、2個以上の験水嘴子〔コック〕、験圧計、安全弁を備え、給水ポンプは堅牢で不足ないもの、要部の修理変更時は再検査を受けること、検査証記載の最大気圧を遵守すること、罰則などからなっています。適用を受ける工場側、検査をする県でも準備が必要ですので、施行は明治21年1月1日とされました。製糸業の盛んな長野県では、当時、ボイラーは動力源としてよりも繭の加熱用におもに使用されていました。

〔長野県岡谷市の岡谷蚕糸博物館（平成26年8月1日リニューアルオープン）は、併設の製糸所において、蒸気を利用した繰糸作業の実物が見学できます。繰糸機の動態展示、研究紀要も刊行されており、優れた展示とともに参考になります。なお、わが国器械製糸の始祖富岡製糸場の蒸気機関が、愛知県犬山市の博物館明治村に保存展示されていることを付言しておきます。〕

〔鈴木淳「明治の機械工業」（ミネルヴァ書房、平成8年、144-145頁）によれば、「〔明治〕19年現在、長野県には他県に卓越した多数の汽罐設置工場があった。」、「これらの汽罐は、松本・甲府を初めとした、県内・隣接の製造者から供給されており」、その加熱用汽罐設置工場数は376とあります。〕

　長野県に続いて、東京府が明治22年5月29日「汽罐及汽機取締規則」（表1No.23）、大阪府が23年6月21日「汽罐汽機を使用せんとするもの届出検査」（表1No.27）を布達し、缶体検査を始めます。東京、大阪の検査は、明治22年3月8日、石川県金沢で発生した製糸工場におけるボイラー破裂事故が契機であったことがうかがえます。この事故の報告は、同月12日の官報にあります。8日午前6時頃汽罐破裂、職工男1人女8人即死、男4人女4人負傷とあります。18日の官報に続報があります。

　東京では、早速、5月29日、「汽罐及汽機取締規則」を布達します。6月10日から17日間、府下全域の汽罐汽機検査を実施し、その成績を7月30日の官報に掲載します。合計108、うち3が不合格となっています。当時のボイラーの燃料は石炭であったことが、この検査表にでています。

〔東京府下における明治36年の汽罐使用工場数596、定期検査度数614、水圧試験90とあります（「松井茂・講演「工場警察に就て（明治三十七年七月八日於日本工業協会席上）」警察協会雑誌（51）」明治37年警察協会発行26頁、NDL）。明治23年の全数106汽罐が、596工場（汽罐数はこの数字より多い）に急

増していました。〕

　大阪は、翌 23 年 6 月 21 日府令でもって、「汽罐汽機を使用せんとするものは工場設置願の外に特に其据付前に当庁に届出検査を受くべし」と布達します。この後、愛知県明治 28年、神奈川県 29 年、兵庫県 31 年といった具合に、各地の工業化の進展状況を反映して、日露戦争（明治 37-38 年）前までにボイラー検査制度は全国に普及していきます。

　各府県の規則が別々のままでボイラーの製作者、使用者にとって不便が残りました。昭和 10(1935)年、機が熟し、内務省から汽罐取締令が出され、同 5 月 1 日から施行されました。これにより、全国的な缶体検査、構造標準が設けられました。同時に汽罐士制度も設けられました。汽罐取締令は、今日のボイラー等安全規則に引き継がれています。明治 21(1888)年 1 月、長野県で始まったボイラー検査の制度は、130 年余を経た今日まで連綿と引き継がれ、人々の安全、快適な生活に寄与しています。

〔労働省労働基準局編著「労働基準行政 25 年の歩み」（昭和 48 年 2 月 20 日労務行政研究所発行）に労働安全衛生規則の公布された日である昭和 22 年 10 月 31 日から 45 年 9 月 1 日まで安全行政を生涯の仕事としてきた(357 頁) 跡見春雄は次のように述べておられます。
「新しい行政の支えになったのが、検定検査業務であった。ボイラの検査、ボイラ技士の試験は戦前から工場法にもとづいて、当時の警察行政の一部として厳重に実施され、非常な権威をもっていた。これが労働行政に引きつがれ、これに対する民間の認識は絶大であったので、労働基準監督機関に対する信用と期待がもたれ、基準行政全般がこのためやりやすいことになった」(359 頁)。〕

(3) 労働衛生規則の始まり
－明治 23(1890)年兵庫県・大阪府黄燐摺附木製造取締規則

　わが国におけるマッチ(摺附木、燐寸、燧火) 工場の始まりは、明治 8(1875)年、旧金沢藩士清水誠が東京に新燧社を創始したこととされます。その製造技術の容易さのためか製造者は全国に広がり、明治 11 年頃には神戸から上海へ輸出を試みたものがでています（横井時冬「日本工業史」昭和 4 年 2 月 3 日改造社 254-5 頁、初版明治 30 年）。

　明治期においてマッチは重要輸出品であり、その製造は兵庫県が他を圧倒していましたが、黄燐マッチについては大阪府が兵庫県を抜き第一位でした。工場法施行当時の府県別マッチ生産高を下表に示します。

府県別マッチ生産高単位千ダース（資料「日本化学工業新聞」大正9年4月1日本邦燐寸工業概観）

	大正5年	大正6年
兵庫県	417,649	439,425
大阪府	125,621	131,531
愛知県	22,673	18,227
その他	41,413	41,196
合計	607,356	630,379

黄燐マッチ

	大正5年	大正6年
兵庫県	47,708	1,222
大阪府	96,505	2,674
広島県	2,160	921

頭薬に黄燐を使う黄燐マッチは価格が安く火付きも良いのですが、黄燐中毒はその症状の激しさから、明治 18(1885)年 1 月 28 日、黄燐マッチ禁止の通達が内務省から出されます〔「官報」471 号内務省甲第一号達「摺附木製造ニ黄燐ヲ用ヒ候儀ハ自今禁止候様可此旨相達候事」。この通達ではマッチのことを"摺附木"といっています〕。

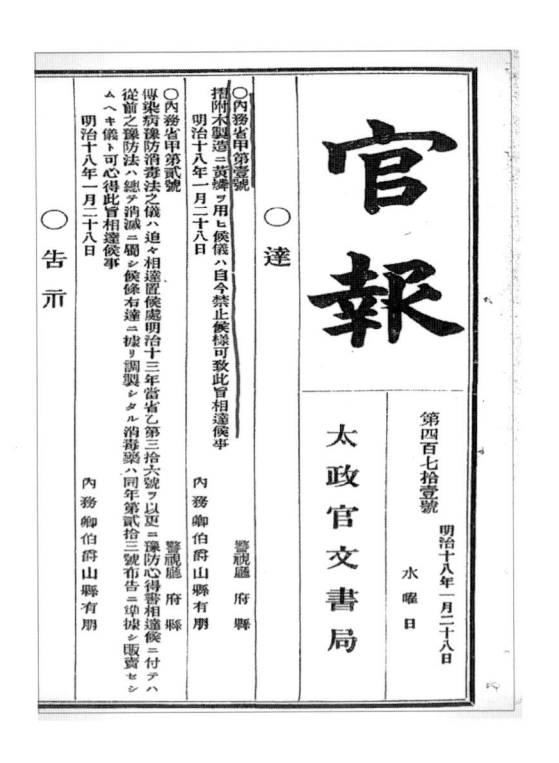

　黄燐中毒の症状につき、わが国最初の労働衛生教本といわれる窪川忠吉著「工業衛生学」（明治 34 年 12 月 7 日窪川医院発行、復刻版 1990 年 3 月 3 日（財）労働安全衛生研究所発行）には、「燐は骨膜炎を起して、遂には腐骨疽に陥らしむを以て、歯齦の全部は潰爛して消滅するに至る、茲に於てか、歯槽部露出し、為に患者は非常なる顔貌の醜形を呈す、齲歯を有する者は一層中毒に罹り易きものとす」とあります（43-44 頁）。

　大正時代の大ベストセラー賀川豊彦の自伝的小説「死線を越えて」には、主人公〔神戸在〕の近隣に住む花江さんの上の姉は、「マッチ会社に通うて〔肺病の〕夫を養うているが、燐のため下顎が腐って、前歯がすべて抜け落ちている。」とあります（「死線を越えて」大正 9 年出版・復刻刊行会平成 20 年 3 月 1 日第二版 388 頁）。

　府県にあっては、愛媛県が内務省通達に先立ち、明治 14 年 3 月 21 日、マッチ（この布達では"マッチ"）製造の営業許可制度を通達します（表 1 No.3）。要件中に、塩酸加里、燐等は危害薬なるをもってことさら取扱い注意するよう指示しています。労働衛生規則のさきがけをなすものでしょう（愛媛県立図書館　えひめ資料室　所蔵）。

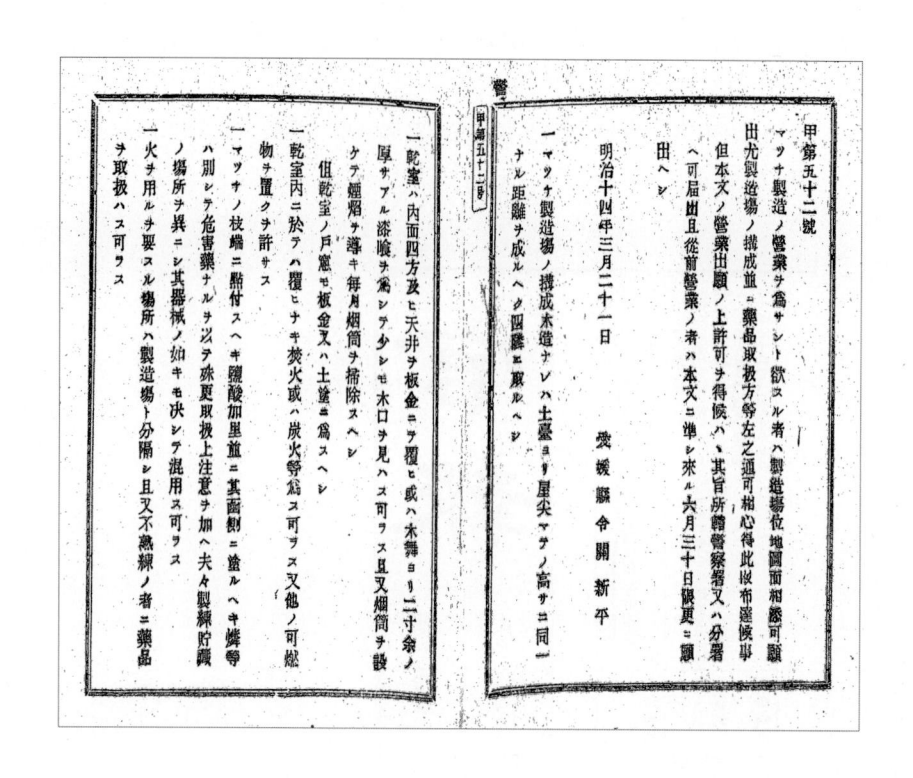

　内務省訓令は、遵守されていなかったようです。明治18年8月16日「朝野新聞」に標題「黄燐使用違反者」、「右発布に成りしより本月まで僅か七ヶ月の間に、違反せし者は百余名にして、内黄燐を混合せし者は六十八名なりと。」とあります（「新聞集成明治編年史」第六巻 1936-1940 林泉社発行）。内務省訓令は5年後の明治23年8月9日廃止され、黄燐マッチ製造が許されます。下は、その時の「官報」の抄出です。

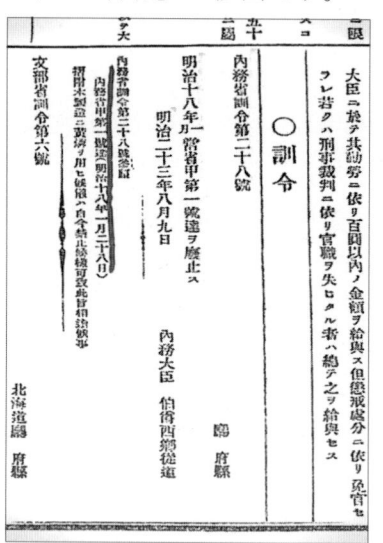

　間髪を入れず、明治23年9月1日兵庫県「黄燐摺附木製造取締規則」、翌10月1日大阪府から同名の規則が布達されます。規則は、解禁された黄燐マッチを衛生的に製造することを目的とするものです。

　工場内での飲食禁止規定が「まもられていなくて、不衛生な作業が行われている」という研究報告があります（三浦豊彦「労働衛生学史序説（第 14 部）」－黄燐マッチと燐中毒、衛生学の日本への導入－「労働科学」第53巻8号(1977)467頁r）。

黄燐マッチは、明治 37（1904）年スイスベルンにて製造・輸入・販売禁止国際条約が結ばれますが、わが国がこれを批准し、黄燐燐寸製造禁止法を公布したのは工場法施行後の大正 10 年 4 月 11 日のことです（施行は 7 月 1 日）。後年、労働衛生学者鯉沼卯吾（元工場監督官・医師、名古屋大学教授）はその著「職業病」（昭和 9 年 1 月 25 日鉄塔書院発行）で次のように述べています。「黄燐々寸の製造に従ふ者で、此の中毒のため顎骨が腐り或は悪液質のため死亡した者が大阪、兵庫、広島地方に少なくなかったのであるが、大正十年黄燐々寸製造禁止令の発布によって絶滅された」（87 頁）。

(4) 本格的な工場取締の始まり
　　　　　　　　－明治 29（1896）年大阪府製造場取締規則

　府県規則のなかに、火工場、火業といった限定がなく一般的な規則として際立っているのが、大阪府の明治 29（1896）年 2 月 1 日発布・製造場取締規則（府令 21）です。岡實「工場法論」は、「工場建設ノ取締ニ関スル規定ヲ一覧スルニ、一般的工場取締規則ヲ設ケタル府県中稍完全ナルモノハ、現実ノ必要ニ動カサレテ幾多ノ改正増補ヲ経タル大阪府ノ製造場取締規則ニシテ、之ニ次グモノハ京都府ノ製造場取締規則ナリ」とします（106 頁）。

大阪府製造場取締規則（資料「大阪府公報1158号　明治29年2月3日」
　　　　　　　　　　　　　「大阪府警察史資料編Ⅰ」昭和58年、453～460頁）
　　全18条からなります。要約摘記します。

願出許可（第1条）
次の製造場を新設増設変更しようとするもの、当庁に願出許可を受けること。
　（1）　蒸気力・電働力・水力又は空気機関等を使用する製造場
　（2）　火炉・竈（かまど）・火床を使用する製造場
　（3）　悪臭又は劇（はげ）しき音響を発する製造場
　（4）　其の他危害を生じ又は健康を害し若しくはその虞ある物品の製造場
添える書面（第2条）願書には次の事項を記載した図面・書面を添えること。
　（1）　位置、建造物・非常口・機械類・竈火炉・吹子・烟突等の位置を示した平面図（ふいご　えんとつ）
　（2）　有害瓦斯を発散するものはその防除方法、汚水を生ずるものはその排除方法、
　　　　汚物を生じるものはその除却の方法を記した書面
　（3）　紡績・織布・製綿、製油、燐寸等の製造場は防火の方法の書面、防火壁（第5条）
　（4）　機械類・竈火炉・吹子（ふいご）等の種類、大きさ、個数
　　　　汽罐汽機の名称馬力等、発電機は電圧電流、電働機は電圧馬力等
　（5）　製品・原料・燃料の種類量目
　（6）　職工の員数（男女別）就業・休業時間
　（7）　煙突の詳細、避雷針の仕様
公害防止（第3条）
　　製造場は公害なしと認めなければ許可しない。

　　この規則発布前、大阪府は明治 24 年 9 月に「諸製造場取締心得」という内部通達を出しています。全 7 条からなり、「第 1 条凡そ製造場の取締に付ては未だ完備の規則なきに依り宜しく平日の注意と実際の査察を以て勉めて公害を予防すべし、第 2 条製造場の新設増設又は変更願等に依り臨検するときは左の事項につき最も注意調査を遂げ其復命書は極めて正確に作るべし」とし、資料の収集に努めていることがわかります（「大阪府警察史資料編 I」450-460 頁）。また、この規則施行にともない「製造場取締規則施行心得」（明治 29 年 2 月警達第 2 号、同書 457-460 頁）が出されます。ここには、「電線ハ水気ニ浸潤シ又ハ金属ニ接触スル等ノコトナキヤ否ヤ（第十四条十八）」といった危害防止規則つながることも書かれています。明治 29（1896）年大阪府製造場取締規則は、工場法施行後、大正 10 年 1 月 1 日施行の大阪府工場取締規則として継承されます。

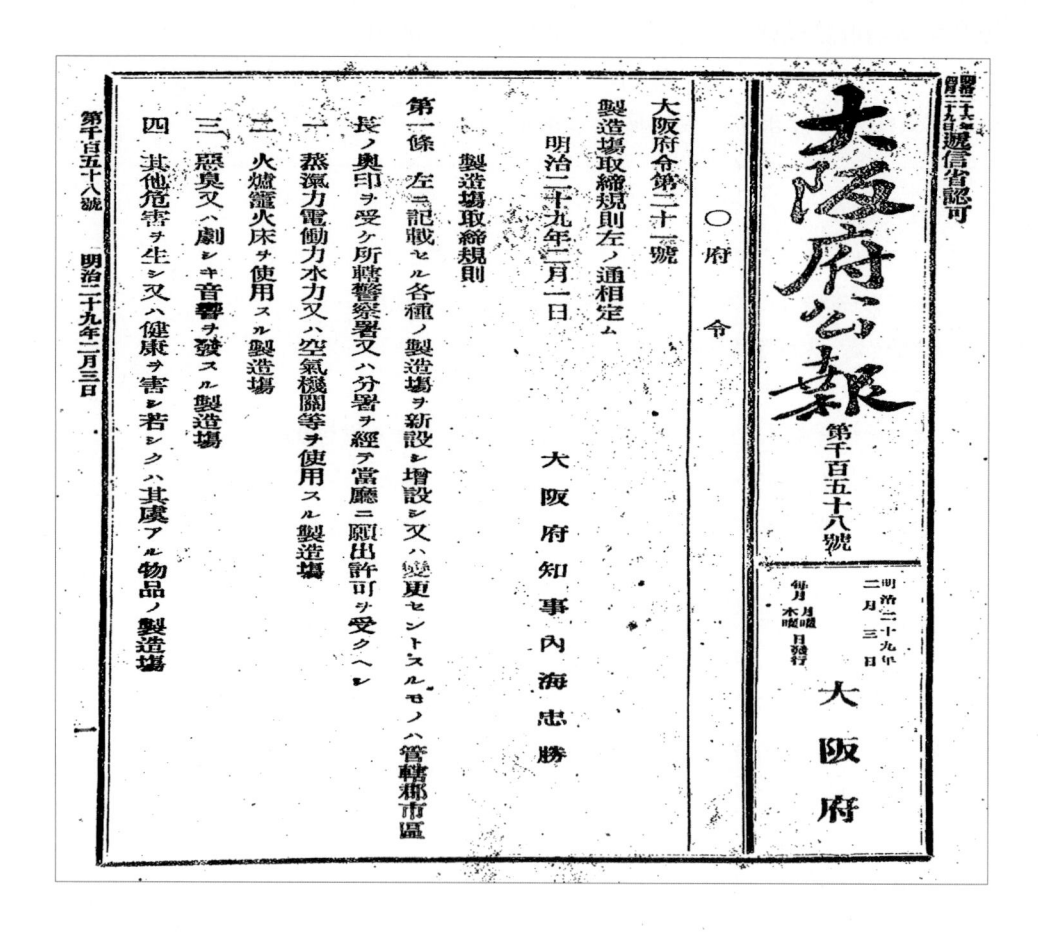

(5) 災害事故報告
－明治 32 年 6 月 8 日内務省訓令・33 年 9 月 3 日農商務省訓令

　新しい工場は、これまでにない機械設備、化学物質を用いたので、新しい形の災害事故や多数人が同時に被災する災害事故ももたらしました。これに対処するためには、その実態の把握は欠かせません。これについては、中央政府が主導しました。

　まず、内務省が明治 32 (1899) 年 6 月 8 日訓令第 19 号「工場ニ於テ入院治療ヲ要スル程ノ負傷者アルトキハ警察官署ニ届出・・・」、農商務省が翌明治 33 年 9 月 3 日訓令 31 号「工場ノ災害事故ニ関スル報告方・・・」でもって一定の災害事故の報告を府県に求めます。これに基づき、明治 32 年～ 34 年にかけて府県規則が布達され、該当工場に報告が求められました。

　明治 34 年 3 月の警視庁の例を見ますと（「商工政策史第八巻工業労働」昭和 37 年 3 月 31 日商工政策史刊行会 433 頁）、報告対象は職工徒弟 10 人以上を雇使する工場及びその寄宿舎において、死亡または休業 3 日以上に渉るべき負傷者を生じたるとき、報告事項としては名称及び所在地、日時場所原因及状況（疾病、負傷のため解雇せし者、休業 30 日に至りたる者は氏名）、災害により大なる毀損を生じた機械類等の詳細となっています。

　明治 36 年 4 月 30 日、農商務省商工局は全国の「工場衛生及災害統計表」を刊行します(NDL)。ここに衛生統計として、寄宿職工中患者及死者表があり、明治 34(1901)年前半の 1 ヶ月平均死者数全業種計 43.8、うち綿糸紡績業 14.0、製糸業 8.0 とあります。同年後半全業種計 133.3、うち綿糸紡績業 25.0、製糸業 2.0、35 年前半全業種計 43.1、綿糸紡績業 14.0、製糸業 0.3、織物業はいずれの期間も 1 以下といった数字があります。綿糸紡績業の桁違いの数字はなにごとか有意の数をあらわしています（1-4 頁）。

　明治 36 年 3 月 31 日、「綿糸紡績職工事情」の"調査員が紡績工場につき蒐集したる疾病統計"を見ますと下表の数字があります（昭和 51 年復刻新紀元社版、第七章職工ノ衛生、94-111 頁）。
　紡績工場寄宿女工疾病解雇者、死者年別表(98-103 頁）から作成

年	明治32	明治33	明治34	明治35前半
工場数	4	20	25	16
1工場平均寄宿女工数	662	542	508	564
疾病解雇者	76	424	602	307
うち肺結核	10	72	138	60
死者	33	101	91	41
うち肺結核	11	26	25	9
その他結核性病	5	8	5	4

　「綿糸紡績職工事情」は、「近時紡織工場は一般に工場衛生に注意するの傾向を生じ寄宿舎内に特に病室を設け中には別に伝染患者の隔離室を設くるものあり然れ共常設医師及看護婦を置くものは寧ろ僅少にして多くは附近の開業医若くは病院と特約を結びて治療をなさしめ看護に必要なる知識なき老婆をして看護をなさしむ要するに病室の構造は稍可なるが如きも内部の管理は多くは不完全にして其結果肺病患者の如き伝染性の疾病に対し予防の注意充分ならず。」と報告します(110-111 頁、原文はカナ）。他方、愛知県工場及寄宿舎規則(明治 33 年 4 月県令第 46 号）には、「工場主ハ工場医ヲ定メ置キ〔届出〕、一ヶ月二回以上職工又ハ徒弟ノ健康診断ヲナサシム可シ」という定めがあります（「商工政策史第八巻工業労働」404 頁）。事態は、傍観、放置されていたのではないことがわかります。

明治 37 年 2 月 4 日、内務省は、学校、病院、製造所等の人の集まる場所での結核菌の伝播を予防するため「肺結核予防に関スル件」を通達し、これを 4 月 1 日から施行します（内務省令第 1 号）。第 1 条に、適当箇所への痰壺配置を定めたことから痰壺条例とも言われます。

　災害事故報告制度は、その後、工場法施行規則第 24 条（規模 50 人以上の工場の月例報告）、第 25 条（休業 3 日以上のその都度報告）、第 26 条（重大事故のその都度報告）として定式化されました。そして、得られたデータは、第 2 回（大正 6 年）工場監督年報・第六章工場災害予防・第七章職工の負傷及疾病にみられるように、世上にフィードバックされました。また、わが国社会保険の始まりとなる健康保険法（大正 11 年公布）の立法に際して基礎材料を提供したことは、"第Ⅳ章（3）職工の扶助から健康保険法へ"で述べます。

　戦後、報告制度は労働基準法（労働安全衛生規則）をへて労働安全衛生法へと承継され、被害の貴重な経験が生かされ、その情報の活用によって災害事故の減少に寄与し続けています。

（6）工場法施行前の工場・職工に関する廳府県令と工場法施行後の位置づけ

　日清戦争が終結した明治 28（1895）年 4 月から日露戦争が始まった明治 37（1904）年 2 月までの戦間期、9 年ですが、この間にもおびただしい数の府県規則が出ます。　表 2 （25-28 頁）に日清戦争後から**工場法施行前までの府県別の「工場及び職工に関する廳府県令」**を示します。

　汽罐汽機取締規則が最多ですが、電気、内燃機関の普及にともないボイラーに石油・瓦斯発動機を合わせた原動機取締規則も出てきます。明治期における各府県の工業化の進展を反映したものであり、わが国において世にいう産業革命が進行していることの反映と考えられます。

　岡實「工場法論」は、「第四章工場法令ノ内容」、「第五節設備ノ取締」において「職工保護ノ二大眼目ハ職工ノ備使ト工場設備ノ取締ニ在リ」、「認可制度ハ既ニ各府県ニ於テ確立セル制度ナルヲ以テ、之ヲ法文中ニ規定スル必要ナシトシテ」、「現行法第十三条ノ規定ト為レリ。」としています（544 頁）。つまり、**「工場及び職工に関する廳府県令」**は、工場法が施行された後、「工場法第十三条　行政官庁ハ命令ノ定ムル所ニ依リ工場及附属建設物並設備カ危害ヲ生シ又ハ衛生風紀其ノ他公益ヲ害スル虞アリト認ルトキハ予防又ハ除外ノタメ必要ナル事項ヲ工業主ニ命シ必要ト認ムルトキハ其ノ全部又ハ一部ノ使用ヲ停止スルコトヲ得」の規定によって、その効力は維持されたとしています。

　工場法施行大正 5（1916）年 9 月 1 日の直前 8 月 3 日に公布された同法施行令は、第 40 条に「現行ノ命令ハ工場法又ハ本令ニ抵触セサル限リ本令施行ノ為其ノ効力ヲ妨ケラルルコトナシ」と定めています。

　いずれにしても、おびただしい数の**「工場及び職工に関する廳府県令」**は、工場法の傘下に収められました。傘下の庁府県令を含めた実質的な工場法は、明治 44 年 3 月 28 日法律第 46 号として公布された形式的な意味における工場法よりも広範囲な内容を持つものとなります。

第Ⅱ章　工場法の制定、施行へ

　　　－明治44（1911）年1月18日公布・大正5（1916）年9月1日施行

（1）工場法の制定の理由
　　　　　　　　－明治43（1910）年12月3日閣議書

　岡「工場法論」は、工場法制定の沿革に「法規が制定せらるる迄には実に約三十箇年の星霜を積み」とします（1頁）。工場法が、最終的に法律案として確定し、天皇に上奏される前の「閣議書」が国立公文書館から公開されています（簿冊標題:公文類聚・第三十五編・明治四十四年・第十九巻・産業二・鉱山・漁業工事、No.1 件名:工場法ヲ定ム）。ここに、明治43（1910）年12月3日付け「工場法制定ニ関スル件」という文書があり、そのなかに農商務大臣・内務大臣連名の「工場法案・理由書」があります（次頁に写し）。いわく、「本邦工業の発達に伴い工場及職工の数　益 増加するに至りたるを以て之に従事する婦女幼少の労働を節制し其の他工業に伴う危害を防止する等工業の発達を永遠に確保するの制を立つるの必要あり是れ本案を提出する所以なり」（カナ表記）。本案を提出した理由として、（1）婦女幼少の労働を節制し、（2）其の他工業に伴う危害を防止する等をなし、これによって工業の発達を永遠に確保する制度を立てるためであるとします。また、同文書に内閣法制局長官の審査書があります（45-46頁）。ここには、「工場の繁盛に伴ひて発生すべき諸種の弊害を防制し一般国民の健康を保全し秩序ある工業の発達を期図する為に此の種の立法を要とすることは前期同法案提出の際上申したる所の如しと 雖 も本案の條項には遺憾の点少なしとせず」とあります。条項には問題があるが、農商務大臣・内務大臣連名の立法の理由は肯定されています。

　工場法は、労働者保護法規を含んだわが国初の法律ですが、労働者保護だけを目的とした法律でないということは明らかです。

　農商務省は工場法を実現させましたが、大正11（1922）年11月1日に工場法は内務省社会局に移管されます。工場法を実現させた農商務省の後継である通商産業省が戦後、編纂した「商工政策史第八巻工業労働」（昭和37年3月31日商工政策史刊行会発行）に次のような、記述があります（52頁）。

　（豊川良平委員）「此法案を見て見ますると、工場法案と此に出て居るが、併し精神はどうであるかと云えば、どうも職工条令とでも解釈したい、工場法案より寧ろ職工条令と云うものが主で、それに工場と云うものを附加へたように思ふ。」（31頁）という発言があり、これに対し「質問の一は、工場法は職工を保護するのであるか、あるいは工業を保護するのであるか、というのである。岡局長は、双方を保護するものであるとし、次のように説明している。〔説明略〕」、「右の質疑応答は、社会政策の本質に関するものとしてはなはだ興味深いものである。すなわち当時農商務省当局においては、工場法をもって単なる職工保護の立法とみずして、工業の健全なる発達のため必要なる立法と考えたのである」。

　工場法のその後の展開（歴史）をみる上で重要なことですので、ここに確認しておきます。

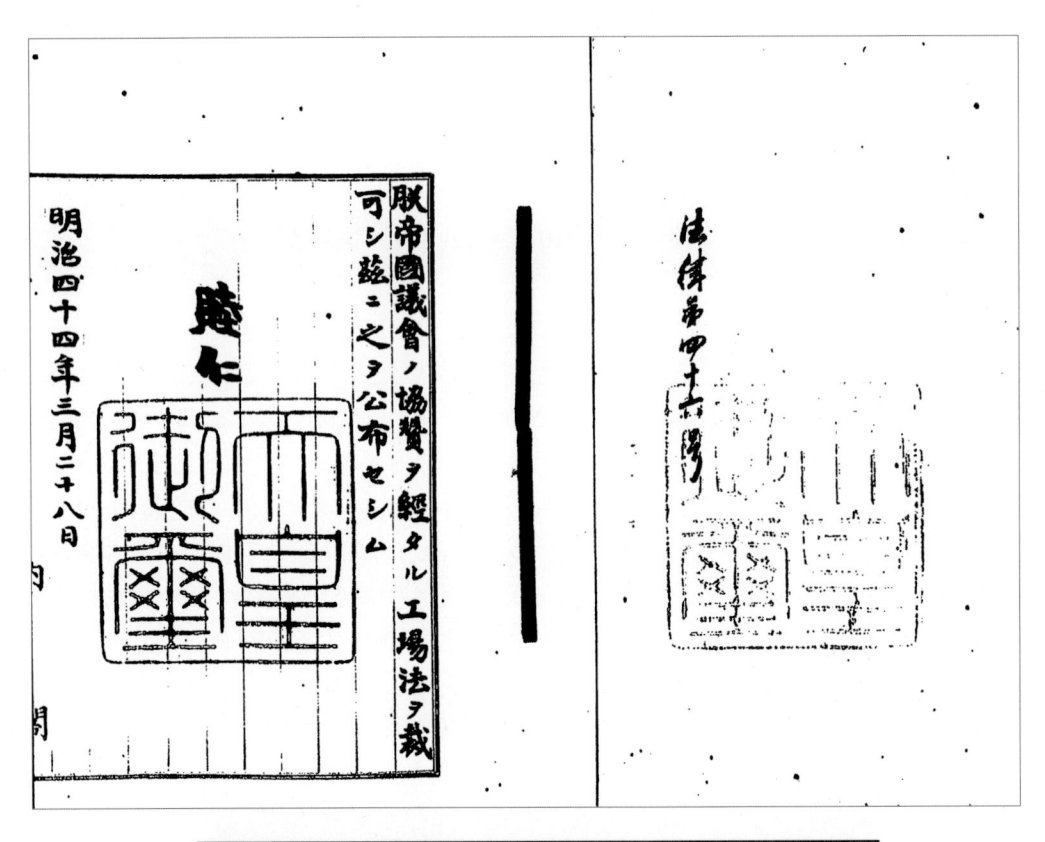

法律第四十六號

朕帝國議會ノ協贊ヲ經タル工場法ヲ裁
可シ茲ニ之ヲ公布セシム

睦仁

明治四十四年三月二十八日

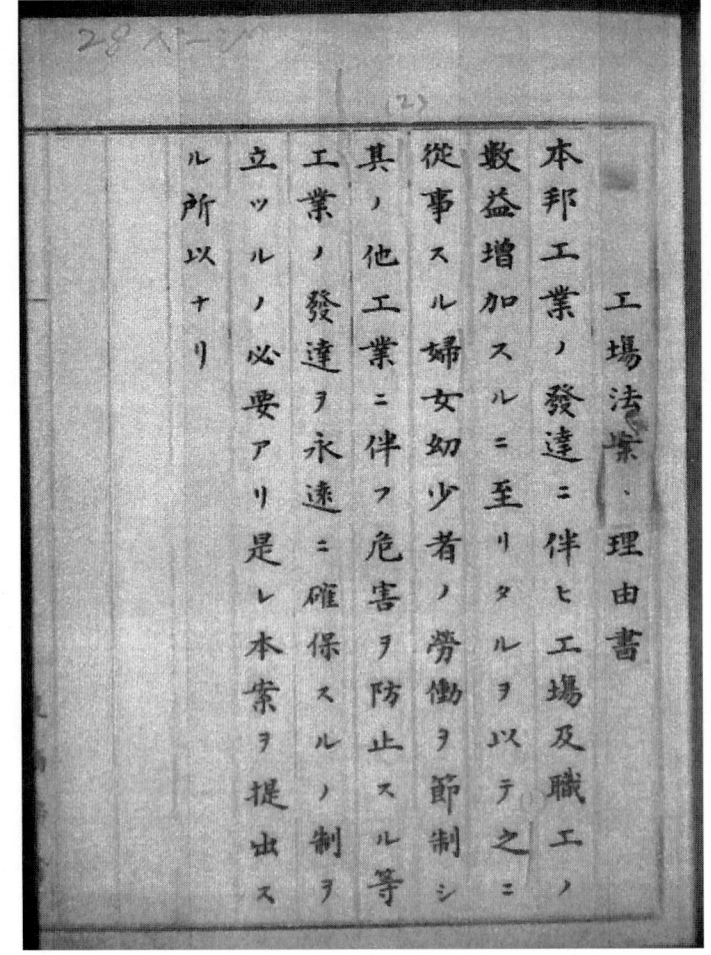

工場法案、理由書

本邦工業ノ發達ニ伴ヒ工場及職工ノ
數益増加スルニ至リタルヲ以テ之ニ
從事スル婦女幼少者ノ勞働ヲ節制シ
其ノ他工業ニ伴フ危害ヲ防止スル等
工業ノ發達ヲ永遠ニ確保スルノ制ヲ
立ツルノ必要アリ是レ本案ヲ提出ス
ル所以ナリ

（2）戦後編さんされた正史に見る工場法の制定理由

　正史とは、広辞苑によれば、「正当の歴史。国家が編纂した正統を明らかにする歴史書。」とあります。工場法につき、これにふさわしいもの、もしくはこれに準じるものとして、その編著者の陣容からいって、以下の五書が該当するのではないかと考えます。
　編集年次により順次、工場法立法の理由、あるいは動機、動因、目的などを五書がどのように理解しているのかを検討します。五書、いずれも古書店で入手できました。

1　厚生省二十年史編集委員会編集「厚生省二十年史」

昭和35(1960)年7月15日　厚生問題研究会発行

　〔昭和13(1938)年1月11日内務省から厚生省が独立し、工場法行政を所管することになりました。昭和22年9月1日労働省が設置され、労働基準法が施行されるまでの間、工場法行政を厚生省が担当しました。昭和13年4月1日国家総動員法が公布され、同法が20年12月20日廃止されるまでの戦時下と終戦直後の困難な時代を担いました。〕

　「このように労働問題の発生、労働運動の発展をみては国家はその対策、労働行政、立法に意を用いねばならないであろう。さきにも触れたように明治政府は四十四年、労働保護法規「工場法」を制定したのであるが、その実施に熱意を示さず、労働問題がようやくうるさくなった大正五年それを実施した。明治十年代から論議され、三十年代初期の労働組合によってその推進運動が展開された同法案は資本家側の猛反対にあい、長い間棚ざらしされていたのであるが、日露戦争後はその制定が必至の情勢となり、かくて進歩的官僚と紡績業者との妥協の産物として制定されたもので、その内容、実施の遅延にみられるように極めて不完全なものであった。」（70頁）

2　労働省編集「労働行政史第一巻」

昭和36年3月5日(財)労働法令協会発行

　〔昭和22年4月7日労働基準法公布、工場法廃止。昭和22年9月1日労働省が設置され、労働者保護行政を所管することになりました。〕

第二章　労働者保護行政
　序説　労働問題の発生
「資本主義社会への移行過程において、封建的職人層の崩壊、農民の窮乏化と都市への流出、士族層の解体といった現象が発生し、これらを通じて資本主義的近代産業に対応する労働者いわゆる賃労働階層が形成されて行くのである。一方、産業の面では明治初期から中期にかけて急激な発展がみられた。しかし、この発展は極めて跛行（はこう）的なものであった。」（15頁）。
「この跛行的な産業の発展は必然的に多くの弊害をうんだ。低賃金長時間労働、女子年少者の酷使、施設の不備による災害疾病の発生、さらには封建的労働関係の残滓としての強制労働等が一般的現象として発生した。このような状態に対して労働者の自然発生的な反抗運動

は明治初期からみられた。こうした労働問題の発生は、一部の識者の注目をひき、次第に世の批判の対象ともなったが、政府としてもまず産業政策の見地から労働問題に対処する必要性に迫られることとなった」(16頁)。

　　第一節　工場労働者保護関係法令
　　第一項　工場法発達の沿革
　　第二項　工場法の制定及び施行

「このように法の施行が遅延した第一の原因は、法制定後も根強く残っていた経営者の反対にあった。これに対し、農商務省では工場法の保護の対象は生産要素たる労働力であるとして、法の実施が労働者の健康を増進し、ひいては工業の発展に寄与することを力説したが、経営者一般は本法の施行は、さし当つて生産に種々の打撃を与えるとの観点に立って、極めて消極的な態度に立ち本法施行への大きな障害となった。また一方、工場法実施に要する予算は、財政難の故をもつて容易に財政当局の認めるところとならなかった。しかし、社会政策の実行を標榜する大隈内閣の手によつて、漸く工場法施行の準備費が調達され、五年一月勅令をもつて同年六月一日から本法を施行することとされた」(47頁)。

3　通商産業省編集「商工政策史第八巻工業労働」

昭和37年3月31日商工政策史刊行会発行

〔同書「第一章工場法成立までの農商務省の工業労働政策の沿革」において、明治43年11月1日開催された生産調査会での経過を記し、工場法の制定理由を説明しています。まえがきに、第一章は土屋喬雄氏に担当をお願いしたとの説明があります。同氏は経済史学者、戦前日本資本主義論争で労農派、1896生－1988没（日本歴史大事典）。〕

「この工場法案は、明治四十三年（一九一〇年）十一月一日開かれた第二回生産調査会にはじめて諮問せられたのであるが、この日農商務大臣大浦兼武は、工場法案の従来の沿革と諮詢の理由を述べた後、工務局長岡実は、詳細に工場法案を説明し、工務局長を中心として質疑が盛んに行われた。大浦農商務大臣の述べた諮詢の理由は簡単なもので、「凡そ工業の健全なる発達を図る為めには工場法の制定の必要なることは勿論のことでございます、（中略）願くは諸君の最も老練なる識見と豊富な経験とに依りまして十分に調査御攻究を為されまして、本案をして我が工業の発達を助くることに致したいと云ふことを切望して止まぬのでございます」というのが趣旨であった（50頁）。

　ついで工場法案の説明に当たった工務局長岡実は、詳細にその趣旨を述べたのであるが、その要点のみを紹介すれば、左のごとくである。まず、「此工場法案の立法は文明国として必ずなければならぬと云ふ様な体裁論の為め（中略）立てるのではなくて、今日では工業に伴ふ弊害は既に現実に現はれて居るので」、その工業に伴う弊害の防止のためたてるのである、と主張する。その弊害とは、一つは「日本の職工が工場に居る中に病気に罹る度合、比例、度数が外国辺りの職工の罹病の比例に較べて見るに殆ど数倍して居ると云う驚くべき事実」である。その二は、「災害に罹って負傷する率等も（中略）外国の負傷する歩合よりも総ての業体に通じて日本の方が又数倍負傷するという事実」である。以上は工場の表面よりみた弊害であるが、裏面調査でも甚だしい弊害があ

る。〔帰郷女工の結核性疾患につき略〕我国の工場生活が頗る不健全或は過度の徹夜業其他機械器具の除害設備が無いために罹災罹病共に比較なき程の比例の数を示して居ると云うことが明であらうと存じます、斯くいふ事実が既に現存して居る以上は、斯の如き事実の発生を防ぐがために、或は過度の労働を戒め、或は幼少年者をして危険有害な仕事に従事せしむるなと云うことを規定する工場法は国民の将来の健康、工場生活といふものに対する一般の信用、此信用を確保する上に於て欠くべからざるものであらうと考へられるのでございます」（50-51頁）

〔女工や年少者の保護の必要、主従的温情関係、夜業や長時間労働の弊害について言及があるが省略します。〕

　これに続き、「当時農商務省当局においては、工場法をもって単なる職工保護の立法とみずして、工業の健全なる発達のため必要なる立法と考えたのである。」という立法理由を明らかにしています（52頁）。

4　大霞会内務省史編集委員会編集「内務省史」（全四巻）
昭和45年11月1日大霞会発行

〔大正11年11月1日、内務省に社会局が設置され工場法行政を所管することとなりました。内務省は、昭和22年末で廃止されました。大霞会はそのOB会。別巻「内務省外史」昭和52年11月11日（財）地方財務協会発行〕

「日清・日露戦争を経て、わが国の産業は飛躍的に発展したが、それとともに「労働力」の一定量を「健全」な状態におく必要が認識されるようになり、四十四年には、労働者の保護を目的とする工場法の制定をみたが、」（第二巻480頁）。

5　厚生省五十年史編集委員会編集「厚生省五十年史　記述編」
昭和63年5月31日（財）厚生問題研究会発行

「このような日露戦争後に起こった争議は、世間の注目を集め、工場法制定の一つの背景ともなった。政府は、日露戦争後、労働争議が増大し、労使関係が不安定となり、また世論が工場法制定に傾いてくると、工場法案の立案を急ぎ、明治四十一年十月、工場法案を公表した。」（293-4頁）、「（工場法は）明治四十四年三月二十九日法律第四六号として公布された。しかし、施行されたのは五年経過した大正五年九月一日からであった。このように遅れた原因は、法制定後も根強く残っていた経営者の反対と、財政難のため工場法実施に要する予算が、財政当局によって認められなかったことにあった。ようやく、大正五年六月一日から施行する運びとなったが、経営者側の反対運動に遭って、結局、間に合わず同年九月一日施行に変更された。」（294頁）。

(3) 施行当時の工場法の評判（「労働及産業」誌 大正5年1月号）

　工場法施行当時、関係者の評判はどのようなものであったのでしょうか。当時、会員数2万人の労働者団体「友愛会」〔大正元年8月設立〕の機関誌「労働及産業」大正5年1月1日号に「各方面の士に向つて『まさに施行せられんとする我国工場法は大体に於て満足すべきものなりや如何』との問を発したるに、左の如く回答ありたる」として、39名の士の回答を「大正五年四月より施行せらる可き工場法に対する意見」として記しています（同誌 24-28 頁）。好個の史料ですので、これを本項末尾に整理しました。ここに「大正五年四月より施行せらる可き」とあるのは、もともとは、大正5年4月から施行予定であった工場法が枢密院〔大日本帝国憲法下、天皇の最高諮問機関〕における審議が延び延びになったため、9月施行となったことをいっています。

知名諸氏 **「工場法に対する意見」**（「労働及産業」誌大正5年1月号 Vol5No53）
　　　　　　　　　　　　　　　　　　　　　　　　原文は旧字体

　下記〔9〕**堺　利彦**「まさに施行されんとする工場法の事は委しく承知いたさねど、どうせ碌なものではないと思って居ます。」という全否定もありますが、総じてみれば、「不満足なれど有は無に優る」といったような意見が多いようです。

　〔堺利彦（1870-1933）は、わが国社会主義運動の先駆者。明治 43（1910）年赤旗事件で入獄中、盟友

幸徳秋水ら十二人が大逆事件により死刑執行され（1911 年 1 月）、出獄後、遺家族救済に奔走します（田中伸尚「大逆事件」岩波書店 2010 年 5 月 28 日発行を参照）。同年 3 月 30 日工場法公布。工場法の施行は、後に社会主義運動の「冬の時代」といわれる時期のさなかです。堺は当時「売文社」を主宰し、同志の糊口をしのいでいました(黒岩比佐子「パンとペン」講談社 2010 年 10 月 7 日発行を参照)。

　工場法の実現を推進した日本社会政策学会は明治 40 年 12 月 22・23 日第 1 回大会において、その趣意書に『社会主義に反対す』と明言します(「工場法と労働問題」社会政策学会史料集成(復刻版)第 1 巻 1977年 8 月 20 日『社会政策学会趣意書』(一) 頁「余輩は放任主義に反対す、何となれば極端なる利己心の発動と制限なき自由競争とは貧富の懸隔を甚たしくすればなり、余輩は社会主義に反対す、何となれば現在の経済組織を破壊し資本家の絶滅を図るは国運の進歩に害あればなり、余輩の主義とするところは現在の私有的経済組織を維持し、其範囲内に於て箇人の活動と国家の権力とに依て階級の軋轢を防ぎ、社会の調和を期するに在り、」)。

〔1〕 **法学博士　戸田海市**

　「我工場法は極めて幼稚なりと雖も、雇主職工及び工場監督行政の点に幼稚なる今日に在っては、更に法文の完全にするも実際の効果は少かるべし、只夜業禁止の猶予年限の余りに長きは是非改めざるべからず。」

〔2〕 **法学博士　花井卓蔵**

　「新工場法は不充分ながら先ず満足せざるを得ざるべし。」

〔3〕 **実業之日本社長　増田義一**

　「修正すべき所あるも大体に於て宜しからん。」

〔4〕 **法学博士　小河滋次郎**

　「大体に於て不満足極まるものなること言うまでもなし、近き将来に或る一種の魔力に富める者の手に翻弄せらるる運命を見るに至るべきを疑わざる所也。」

〔5〕 **男爵　森村市左衛門**

　「法文明確と雖も是を行うにより良法も用をなすべし深き研究必要。」

〔6〕 **船尾栄太郎**

　「決して満足すべきものとは思われず、されど止むことを得ずんば当分之れ位の處にて我慢するの外なしと考ふ。」

〔7〕 **松尾弥太郎**

　「考究中。」

〔8〕 **法学博士　江木衷**

　「未だ工場法案を見ず、只わが職工の性質賃銀支払の方法を精査し英と仏と二国の法制に雪　壌〔天地〕の大差ある所以を了解せられんことを望む。」

〔9〕 **堺　利彦**

　「まさに施行されんとする工場法の事は委しく承知いたさねど、どうせ碌なものではないと思って居ます。」

〔10〕 **東京高等工業学校長　手島精一**

　「工場法は大体に於て先ず可ならんも学齢児童の使役其他他実施上の経験に徴し改正を要するもの多からん。」

〔11〕 **法学博士　高野岩三郎**

　「満足すべきものあらざれども有は無に優ること万々、今後の改良こそ必要事なれ。」

〔12〕民聲社同人

　「唯此れ形式を粉飾する空文のみ満足など思いも及ばず。」

〔13〕山本邦之助

　「工場法に就いては充分の研究を尽さず候故何とも申し上げ兼候。」

〔14〕武田芳三郎

　「満足どころか有って其程の効能も無かるべく而かも無きにはまさるべし、何となれば之れあるが為に格別労働者に利益幸福とならざればなり。」

〔15〕法学博士　津村英松

　「保護の程度未だ十分ならず満足するを得ず。」

〔16〕工業教育会　宇野利右衛門

　「工場法は大体に於いては到底満足し能わざるものと存じ候然れども間接的補助的に職工幸福増進事業の発達を助くる事長時間の過労を矯正する事との効力は確かに之有候と信じ其実施を期待致し居り候。」

〔17〕貴族院議員　江原素六

　「多少の欠点可有之存じ候。」

〔18〕衆議院議員　富田孝次郎

　「我国現時の状態にては先ず之に満足するの外なし。」

〔19〕神戸高等商業学校教授　山縣憲一

　「例外規定多く満足するを得ず。」

〔20〕天也　大江卓

　「工場法制定が兎角遷延したる理由は果して労働者の利益の為めになりしか将に施行せられんとする成文に就いて愈々疑いを深くする。」

〔21〕救世軍大佐　山室軍平

　「工場法のことは何んとも批評すべき知識を欠き候得共「何か有るのは皆無に優る」という諺の通り最初は不完全でも追々進歩する手始めともなるべく喜んで其施行を待ち迎え居り候。」

〔22〕法学博士　建部遯吾

　「無きにはまさるの意味にて実施をいそぐ方に賛成也。」

〔23〕浅草専売局製造課長　神田孝一

　「本邦産業の現状よりすれば大体に於て満足するの外なし。工場法の施行は無知の工業主を覚醒せしめる丈にて大なる功果を奏し得べき見込みあり。」

〔24〕法学博士　神戸正雄

　「将に施行せられんとする工場法には不満足の点少なからざる最初の工場法としては、大体之れ位にて満足するの外なからん。」

〔25〕「二十世紀」主筆　櫻井義肇

　「工場衛生職工雇傭に関する規定は工場法なきに優ると雖も婦女や少年労働者の保護を等閑に付し労銀率を定めず労働者と資本家の争闘を理する仲裁々判等の規定なきは大にいかんとせざる能わず。」

〔26〕法学士　泉精太郎

　「政治上社会上の我が現在の状態に比較せば工場法の施行の如きは寧ろ一歩進んだる施

設という可く骨抜きとして識者の非難を招きたる点を勅令に譲りたるは却って将来に
於て労働者側の奮励に依り其利便を来す結果とならん。」

〔27〕兵庫実業補習校長　岸田軒造

「未だ満足すべきものに非ずと思う。」

〔28〕ドクトル　油谷治郎七

「四十四年三月公布の工場法は骨抜きの法律とならざるべきか其眼目というべき第四条
の運用に必要なる第五条の規定に関する主務大臣の指定第十二に関する大臣の規定第十
五条及第十七条に関する勅令のよりて其価値は決せらるべし。」

〔29〕早稲田大学教授　安部磯雄

「満足すべきものにあらざれども此儘にて施行せらるるも慥かに労働者の利益となるこ
と少なからざる可し。」

〔30〕衆議院議員　相島勘次郎

「工場法の施行せらるるは兎も角も喜ぶべきなれども此工場法は満足すべきにあらざる
べし。」

〔31〕内務省嘱託　生江孝之

「我が邦の工場法は之が実施なきに比すれば稍々優ると存じ候へ共一日十四五時間の労
働を科し得る事と又或種のものには徹夜業を就かしめ得る如きは紡績織物又は生糸工場
の工女が大多数を占我邦の工業界に於ては衛生上の見地よりするも極めて遺憾の点にて
実施後十五年間斯る状態に置くは極めて長きに失し候輿論を喚起して一日も早く之が改
竄を必要と存じ候。」

〔32〕弁護士　松尾清次郎

「施行せられんとする工場法には満足せず追って改正の点を具体的に開述仕り度候事。」

〔33〕農商務省嘱託　勝田一

「大体に於て満足す可きものと信ず　　理由　我国の工場法は先進国のものと比すれば
極めて不完全なることは争うべからざると雖も彼我工業の労働者保護法としては洵（まこと）に
やむを得ざることと謂わざる可からず如何に法其の物が周致詳細を極むると雖も実際に
於て之が行はれざれば何の価値も無し先進国に於てすら此の事例に乏しからず理想には
遙に遠しと雖も今日実行し得べきものたらざる可らず之れ余が現工場法に満足する所以
なり。」

〔35〕東京養育院幹事長　安達憲忠

「意見を申上げる能力がありません。」

〔36〕西川光二郎

「私はイクラ譲歩して考へても不満足です。ソレに縦（たと）ひ立派な工場法が出来ても有力な
労働組合の出来ぬ中は先ず其の工場法は有名無実にならうと考へます。」

〔37〕法学博士　添田壽一

「不満足なれども有は無に優る。」

〔38〕法学博士　田島錦治

「古語に曰く之を為すは猶ほ止むに優るとは是なり余一句あり。『病人を見かけて薬草
を植え』」

〔39〕 農学士　伊藤一隆

「大体に於て満足なり。」

〔40〕 東京電気工場長　伊東二三

「大体に於て満足なるも極小規模の工場又は個人営業者には如何かと被 <ruby>存候<rt>ぞんじられ</rt></ruby>。」

「労働及産業」大正 6 年 9 月 1 日工場法実施一周年記念号（11 頁）に工場法の実現に貢献し、「工場法の恩人」ともいわれている桑田熊蔵博士は、岡「工場法論」序文中に「我国工場法ノ実施セラレタルヤ年齢、時間、徹夜業等ノ制限ニ就テハ不備ノ点個ヨリ多カランモ<u>災厄ノ予防及救済ニ就イテハ其ノ効果ノ見ルヘキモノアルハ<ruby>亦<rt>また</rt></ruby>疑ヲ容レサルナリ</u>」、「羅馬ノ古城ハ一日ニシテ成ルニ非ラス我国社会政策ノ前途ハ尚遼遠ナリ」、「朝野ノ同士ト<ruby>與<rt>とも</rt></ruby>ニ隠忍持久以テ他日ノ大成ヲ期セント欲ス」とします。今、眼前にある法文にとどまらずに、長期的な視野で見ることの必要を示しています。

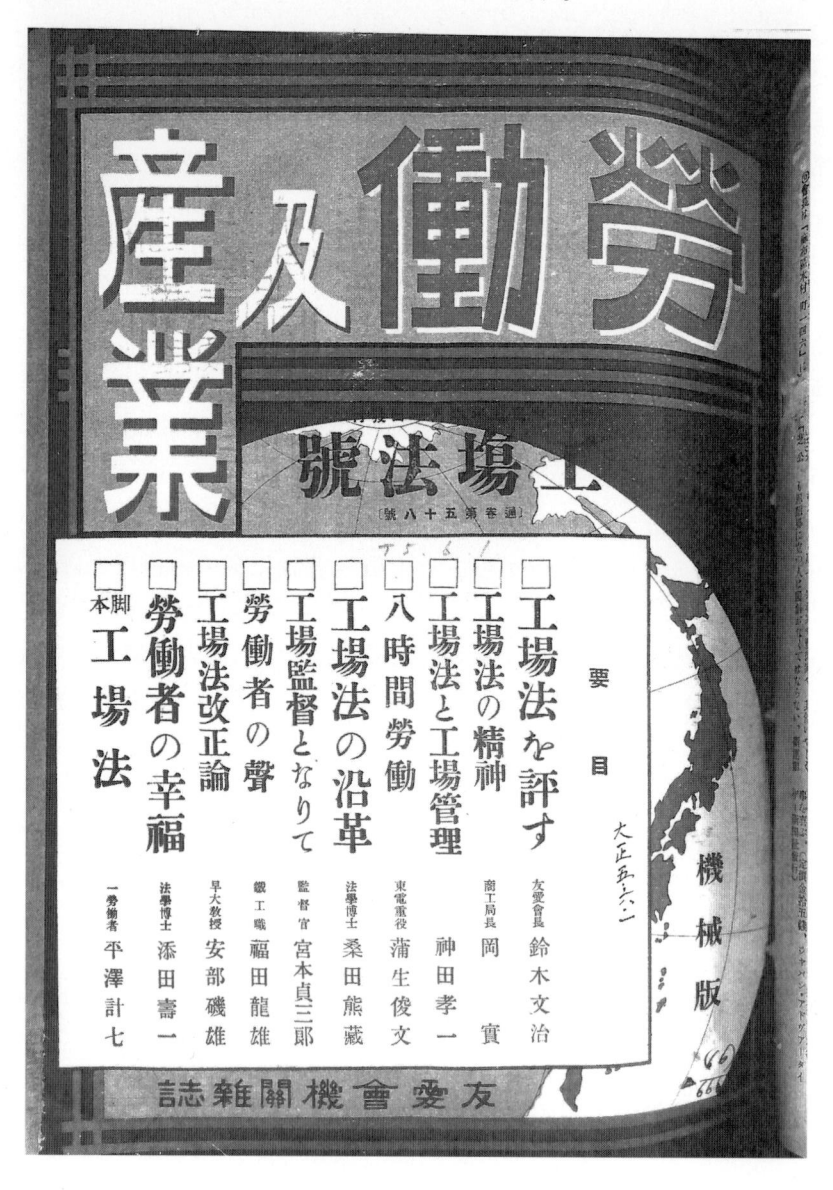

表1 工場法施行前の工場及び職工に関する廳府県令　一覧　公布日順

明治27年8月1日　日清戦争開戦まで

資料
〇「工場及職エニ関スル廳府県令（現行）」明治43年11月25日／農商務省工務局NDL
■第5輯乙「工場及職エニ関スル廳府県令（原動機、職工の募集周旋）」大正6年4月第5輯乙／農商務省商工局NDL
△「廳府県ノ工場及職工取締ニ関スル規則追加」明治37年1月／農商務省商工局工務課NDL
◇「工場及職エニ関スル廳府県令（建築、設備其ノ他製造所）」大正6年4月第5輯甲／農商務省商工局NDL
◎「商工政策史⑧工業労働」通商産業省編（「商工政策史第八巻工業労働」）昭和37年3月31日／商工政策史刊行会

No.	道府県名	取締規則名（火薬煙火導火線銃砲等、飲料水営業などは除く）	公布年月日	番号	資料（上記欄外）	岡工場法論の記載頁
1	大阪府	「製造場取締に関する規則」 →鋼折（ハガネカジ）・鍛冶・湯屋三業者心得方	明治10年5月23日（明治29年廃止）	府令123	明治大正大阪市史第6巻法令編 539-540頁「府警察史」資料編2	105本文
2	警視聴	蒸汽汽罐を装置する諸製造所の建設出願の事	明治10年11月21日	第108（甲60号）	「東京警視本署布達全書」明治11年1月警視局蔵版	
3	愛媛県	燐寸製造願出方の件	明治14年3月21日	県令甲52	◇「愛媛県行政資料（藩政期・明治期）・愛媛県布達書・明治14年」	
4	警視聴	製造所管理に関する布達	明治14年8月	甲35	◎〇「商工政策史」⑧	105本文
5	大阪府	火力蒸気力又は爆発物を取扱う製造所設置願いの件	明治15年2月15日	乙18	「府警察史」資料編2	
6	福岡県	蒸気器械及烟筒火竃取締規則（「工場法論」では汽罐汽機取締規則）	明治16年1月	第3号	福岡県立図書館マイクロフィルム「福岡県公報」	147
7	山形県	火工場取締規則	明治16年12月17年5月1日施行	県令乙83	△◇	106本文
8	長崎県	魚獣化製造取締規則	明治17年4月	甲26	△◇	145
9	愛知県	摺附木に黄燐禁止の布達	明治18年2月18日	甲17号	愛知県明治18年警察布達	
10	岐阜県	燐寸取締規則	明治19年3月3日	甲16号	県布達類纂第四編甲號上巻25丁	143
11	長野県	蒸汽汽罐取締規則	明治19年3月10日（明治21年1月1日施行）	甲35号	◎	124本文
12	長崎県	火業取締規則	明治19年10月	県令37	〇	142
13	長崎県	燐寸取締規則	明治19年11月	県令50		143
14	福岡県	摺付木製造所取締規則	明治19年12月			106本文
15	愛知県	火工場取締規則（名古屋、岡崎、豊橋とその接続市街に施行）	明治21年5月29日	県令40	◎「商工政策史」⑧	142
16	愛知県	工場設置出願方の件	明治21年5月29日	県令41	◎「商工政策史」⑧	
17	愛知県	燐寸取締規則	明治21年5月			143
18	広島県	汽罐汽機取締の件（火竈煙筒を含む）	明治21年12月8日	県令乙32	◎△	147
19	静岡県	火工場取締規則	明治21年12月12日	県令75	◇曽根忠一「建築警察の研究」NDL	
20	山梨県	諸製造所建設規則	明治22年5月	県令32	◎◇「商工政策史」⑧	
21	兵庫県	諸製造所及貯蔵所設置出願規則	明治22年5月	県令95	〇◇「商工政策史」⑧	
22	兵庫県	魚獣化製造取締規則	明治22年5月			145
23	警視聴	汽罐及汽機取締規則（煙突を含む）	明治22年5月29日	警察令21	「警察要務」明治22年5月	
24	警視聴	鍛冶鋳物及鋳掛工場取締規則（明治24年4月に執行心得）	明治22年10月	警察令31	◎〇◇「商工政策史」⑧	
25	愛知県	魚獣化製造取締規則	明治23年2月			146
26	長野県	火工場取締規則	明治23年7月（4月22日）	県令24	◎△「商工政策史」⑧	143
27	大阪府	汽罐汽機使用せんとするもの届出検査	明治23年6月21日	府令36	府公報第369号明治25年府警務規定	
28	兵庫県	黄燐摺付木製造取締規則	明治23年8月（9月1日施行）	県令62	◎〇◇「商工政策史」⑧	143

No.	道府県名	取締規則名（火薬煙火導火線銃砲等、飲料水営業などは除く）	公布年月日	番号	資料（上記欄外）	岡工場法論の記載頁
29	熊本県	黄燐製摺付木製造取締規則	明治23年9月	県令46	◇	
30	大阪府	黄燐摺付木製造取締規則	明治23年10月	府令61	◎○◇△	118本文
31	長崎県	摺付木製造取締規則（黄燐製摺附木を含む）	明治23年10月	県令87	○△◇	
32	愛知県	摺付木製造取締規則（黄燐製摺附木を含む）	明治23年10月6日	県令91	◎○◇「商工政策史」⑧	
33	奈良県	黄燐摺付木製造取締規則	明治23年11月	県令73	◇	
34	和歌山県	黄燐用摺付木製造取締規則	明治24年2月	県令5	◇	
35	佐賀県	火業取締規則	明治24年2月	県令14	◎「商工政策史」⑧	143
36	警視聴	石油精製場貯蔵場及運搬規則（同年5月執行心得）	明治24年4月	警察令7	◎○◇「商工政策史」⑧	145
37	三重県	黄燐摺付木製造取締規則	明治24年5月	県令25	◇	
38	静岡県	黄燐性摺付木製造取締規則	明治24年5月5日	県令25	○◇	143
39	岐阜県	黄燐摺付木製造取締規則	明治24年7月	県令40	◇	
40	大阪府	諸製造場取締心得	明治24年9月7日	警達49	◇巡査訓授警務通覧	
41	警視聴	麺麹焼場及甘藷焼場規則	明治24年10月	警察令17	◇	
42	奈良県	火工場取締規則	明治24年12月21日	県令49	◎県公文録明治24年	143
43	警視聴	魚獣化製場取締規則	明治25年2月	警察令2	◎○△◇「商工政策史」⑧	146
44	山形県	摺付木製造所取締規則	明治25年5月	県令43	◇	144
45	熊本県	汽罐及汽機取締規則	明治25年8月	県令51	△	148
46	北海道	摺付木製造所取締規則	明治25年12月20日	廰令47	◎◇「商工政策史」⑧	
47	島根県	蒸汽器械取締規則	明治26年3月	県令33	◎△「商工政策史」⑧	147
48	長崎県	火業取締規則	明治26年3月21日	県令13	△◇長崎県巡査須知	
49	長崎県	蒸汽機関取締規則	明治26年3月	県令14	◇	
50	奈良県	蒸汽器械諸製造所取締方・同取扱手続	明治26年9月21日	県令36	◎県公文録明治26年	147
51	静岡県	暖炉及烟筒取締規則（煉瓦製を除く）	明治26年12月24日	県令73	○◇	126
52	鹿児島県	鍛冶及鋳物工場取締規則	明治26年12月13日	県令60	◇	
53	高知県	蒸汽機関取締規則	明治27年	県令23		147
54	警視聴	汽罐汽機取締規則、同執行心得	明治27年4月	廰令24	◎○■「商工政策史」⑧	147
55	警視聴	製造場取締に関する布達	明治27年4月		△	
56	山形県	化製場取締規則	明治27年5月15日	県令31	△◇	
57	大分県	汽罐汽機取締規則	明治27年5月15日	県令29	■△	147
58	兵庫県	石油取締規則	明治27年6月			145
59	和歌山県	汽罐汽機取締規則	明治27年6月	県令32	◎	147
60	長崎県	石油槽据置場石油槽船取締規則	明治27年6月	県令42	○	
61	石川県	黄燐摺付木製造取締規則	明治27年7月	県令44	△◇	

表2 工場法施行前の工場及び職工に関する廰府県令 一覧 府県別

表2 工場法施行前の工場及び職工に関する廰府県令 一覧 府県別

明治27年8月1日 日清戦争開戦後

資料
- ○「工場及職工ニ関スル廰府県令（現行）」明治43年11月25日／農商務省工務局NDL
- ■第5輯乙「工場及職工ニ関スル廰府県令（原動機、職工の募集周旋）」大正6年4月第5輯乙／農商務省商工局NDL
- △「廰府県工場及職工取締ニ関スル規則追加」明治37年1月／農商務省商工局工務課NDL
- ◇「工場及職工ニ関スル廰府県令（建築、設備其ノ他製造所）」大正6年4月第5輯甲／農商務省商工局NDL
- ◎「商工政策史」第8巻工業労働（通商産業省編集昭和37年3月31日発行）

府県名	取締規則名	公布年月日	番号	資料 （上記欄外）	岡工場法論 の記載頁
北海道	**火工場取締規則**（鍛冶鋳物金吹銅吹硝子板金針金製造）	明治27年10月11日	廰令57	◎◇	143
北海道	陸上用汽罐汽機取締規則	明治28年6月4日	廰令52	◎■△	148
北海道	烟筒取締規則	明治28年6月4日	廰令52 （大正2年1月24日廰令3改正）	◇	
北海道	原石油貯蔵所精製所取締規則	明治36年12月29日	廰令125	◇	
北海道	水産物缶詰製造取締規則	明治45年5月30日	廰令62	◇	
北海道	化製場取締規則	大正2年12月22日	廰令90	◇	
青森県	**工場設置規則**（職工10人以上）	明治32年7月	県令42	◎◇	142
青森県	原動機取締規則（石油瓦斯熱気発動機を含む）	明治38年7月	県令24	■△	
青森県	瓦斯事業取締規則	明治45年5月10日	県令52	◇	
岩手県	燐寸軸木製造場取締規則	明治31年7月	県令40	◎△◇	144
岩手県	獣屍化製場取締規則（工業材料及肥料等）	明治33年8月1日	県令43	◇	
岩手県	汽罐汽機取締規則（石油瓦斯発動機の設置願書を含む）	明治38年8月16日	県令17	■△	
岩手県	烟筒取締規則	大正3年1月30日	県令6	◇	
秋田県	汽罐汽機取締規則	明治35年12月15日	県令97	■△	
秋田県	石油取締規則	明治41年6月	県令53	◇	
秋田県	瓦斯営業取締規則	明治44年6月2日	県令87	◇	
山形県	原動機取締令（汽罐汽機、石油瓦斯熱気発動機）	明治37年11月	県令67	■△	
山形県	瓦斯事業取締令	明治40年12月	県令93	◇	
宮城県	**製造場取締規則**（電気瓦斯石油等原動機使用）	明治33年11月	県令74	△◇	
宮城県	汽罐汽機取締規則	明治34年6月	県令51（9月1日施行）	■△	149
宮城県	化製場取締規則	不詳		△	146
新潟県	汽罐汽機取締規則	明治31年8月	県令52 （明治34年6月県令52改正）	◎○	148
新潟県	石油取締規則	明治32年4月			145
新潟県	学校其他に対する工場距離の件	明治35年7月25日	県令57	○◇	
新潟県	瓦斯取締規則	明治40年5月31日	県令49	○◇	
新潟県	石油製造所貯蔵所取締規則	明治41年5月30日	県令44	○◇	
新潟県	烟筒取締規則	明治43年9月23日	県令59	○◇	126
新潟県	原動機取締規則（汽罐汽機石油瓦斯発動機電動機）	明治43年12月23日	県令66		
新潟県	桐油製造取締規則（荏油を使用し桐油製造）	明治44年12月15日	県令67	◇	
新潟県	燐寸製造取締規則	明治44年12月22日	県令72	◇	144
福島県	魚獣化製造取締規則	明治28年4月			146
福島県	汽罐並汽機取締規則（石油瓦斯発動機に準用）	明治33年3月	県令27	■△	148
福島県	瓦斯製造供給営業取締規則	明治43年8月2日	県令38	◇	
福島県	煙筒取締規則	不詳		△	126
福島県	摺付木製造所取締規則	不詳		△	
栃木県	獣類化製場取締規則（脂肪膠石鹸肥料他製造）	明治28年5月	県令62	◇	
栃木県	原動機取締規則（汽罐汽機、石油瓦斯発動機、電動機）	大正3年5月	県令33	■△	
栃木県	煙突取締規則	大正3年10月	県令57	◇	126
栃木県	汽罐汽機取締規則	不詳		○	
栃木県	機業取締規則	不詳		○	
茨城県	汽罐汽機取締規則	明治35年4月1日施行		■△	149
茨城県	烟筒取締規則	不詳		◇	126
茨城県	獣類化製場取締規則	不詳		◇	
群馬県	危険物製造販売取締規則（燐寸を含む）	明治34年6月	県令47 （明治44年8月改正）	◇	
群馬県	汽罐汽機取締規則（石油、瓦斯発動機に準用）	明治36年3月日	県令25	■△	

府県名	取締規則名	公布年月日	番号	資料（上記欄外）	岡工場法論の記載頁
群馬県	烟筒取締規則	不詳			126
埼玉県	汽罐汽機取締規則	明治27年9月			147
埼玉県	**工場取締規則**(工場、寄宿舎、煙突、汽罐汽機)	明治35年1月	県令6	◎◇	
埼玉県	**工場取締規則施行手続**	明治35年2月	訓令8	◇	
埼玉県	烟筒取締規則	不詳			126
千葉県	汽罐汽機取締規則	明治34年5月	県令19	◎△	149
千葉県	化製場取締規則(油脂肪膠鞣肥料等製造)	明治36年10月	県令51(明治18年甲14廃止、明治42年一部改正)	◇	
千葉県	原動機取締規則(汽罐汽機、石油瓦斯空気風力発動機、電動機)	大正2年5月20日	県令49		
千葉県	煙突取締規則	不詳		△	126
警視聽	石油取締規則	明治37年10月	廳令43	◇	
警視聽	製造所其の他に関する取締の件 (第1条26項目第2条14項目に列記する製造所の建設物を設置せんとするもの警視廳に願い出許可を受くべし)	明治39年7月	廳令47	◇	105本文
神奈川県	汽罐並汽機取締規則(石油瓦斯発動機に準用)	明治29年2月11日	県令11	◎■△	148
神奈川県	烟筒取締規則	明治33年10月	県令58	◎	126
神奈川県	**製造場工場取締規則**	明治40年12月	県令103(大正5年9月12日廃止)		
神奈川県	魚獣化製場取締規則(脂肪生皮熟皮膠肥料等製造)	不詳		◇	
神奈川県	**工場取締規則**(10人以上原動機汽罐瓦斯粉塵危害)	*大正5年9月12日*	県令62	◇	
静岡県	汽罐汽機取締規則	明治37年2月10日	県令48	○△◇	
静岡県	有害瓦斯及悪臭取締に関する件	大正5年3月10日	県令16		
長野県	陸上汽罐取締規則	明治34年2月22日	県令10(3月10日施行)	■△	
長野県	**工場及附属建設物取締規則**	大正5年10月25日	県令25	◇	
長野県	職工寄宿舎建築規則	大正5年12月28日	県令32	◇	
長野県	瓦斯事業取締規則	明治45年3月5日	県令15	◇	
長野県	黄燐性摺付木製造取締規則	不詳		△	144
山梨県	汽罐汽機取締規則(M31.8)	明治38年6月13日	県令27	■△	
山梨県	発動機取締規則(瓦斯石油発動機、電動機に適用し、汽罐汽機取締規則を準用)	明治38年6月13日	県令27	■△	
山梨県	瓦斯営業取締規則	明治43年4月	県令40	◇	
富山県	建物制限規則	明治32年9月	県令51	◇	
富山県	汽罐汽機取締規則	明治33年5月15日	県令42	■△	148
富山県	危険の虞ある諸製造を為すもの出願方の件	不詳		◇	
石川県	石油槽(タンク)及石油蔵置に関する取締規則	明治31年5月	県令49	△◇	145
石川県	汽罐汽機取締規則(石油瓦斯発動を含む)	明治31年9月	県令84	■△	148
石川県	化製場取締規則	明治34年9月	県令82	△◇	143
石川県	製造場工場建設ノ件(瓦斯製造貯蔵、瓦斯電気を原動機)	明治39年7月	県令29	◇	
福井県	練工場取締規則	明治29年6月1日？		◎◇	
福井県	汽罐汽機取締規則(石油瓦斯発動機にも適用条項あり)	明治34年10月	県令88	◎■△	149
福井県	石油取締規則	明治40年3月	県令14	◇	
福井県	瓦斯事業取締規則	明治44年8月	県令40	◇	
福井県	鉱物又は砂鉱を製錬せむとする者届出の件	不詳		◇	
福井県	鍛冶及鋳物工場取締規則	不詳		◇	
福井県	黄燐摺付木製造取締規則	不詳		◇	
愛知県	汽罐汽機取締規則	明治28年5月	県令38(廃止)	◎○	148
愛知県	**工場及寄宿舎取締規則**	明治33年4月	県令46(9月1日施行)	○△◇	142
愛知県	**火工場取締規則**(玻璃陶磁器土器煉瓦鋳造鍛冶コークス七宝等)	明治40年2月13日	県令12	○◇	
愛知県	**諸製造所及貯蔵所取締規則**(瓦斯石油諸タール塩酸硝酸舎密物製鉄所製銅所製等、獣脂膠製皮石鹸製紙肥料石灰)	明治40年3月	県令32(明治44年11月改正県令102)	○◇	
愛知県	汽罐汽機取締規則	大正元年8月	県令1	■	
岐阜県	汽罐汽機取締規則	明治35年5月	県令27	■	149
岐阜県	化製場取締規則(脂肪膠鞣肥料他)	明治38年5月31日	県令36(明治31年6月廃止)	◇	
岐阜県	石油発動機関取締規則	明治38年12月	県令59(廃止)		

府県名	取締規則名	公布年月日	番号	資料 （上記欄外）	岡工場法論 の記載頁
岐阜県	発動機関取締規則	大正2年6月4日	県令26	■	
岐阜県	**工業場取締規則**	*大正6年3月22日*	県令15	◇	
岐阜県	摺付木工場取締の件	不詳		△	
岐阜県	瓦斯事業取締規則	不詳		◇	
三重県	**製造場取締規則**	明治32年12月			142
三重県	原動機取締規則(汽罐汽機石油瓦斯熱気発動機)	明治34年4月日	県令12	◎○△◇	148
三重県	石灰製造取締規則	明治41年7月	県令55 （明治31年3月県令50廃止）	◇	
三重県	圧力ある蒸汽を醸成する錫釜取締規則	不詳		○	
三重県	電動機使用機械取締規則	不詳		■	
三重県	瓦斯煤煙塵埃発生する工場建設取締の件	不詳		△	
三重県	繭乾燥場取締規則	不詳		○	
三重県	瓦斯製造供給営業取締規則	不詳		○	
滋賀県	汽罐汽機取締規則(石油、瓦斯発動機に準用)	明治33年7月	県令53	◎	147
滋賀県	汽罐汽機取締規則(石油、瓦斯発動機に準用)	明治37年7月16日	県令41	■	
京都府	**製造場取締規則**(蒸気電動水力石油発動機関等 使用の製造場)	明治29年10月	府令45(明治31年9月改正)	◎○◇	142
京都府	**製造場取締規則**	明治31年9月改正			105-106 本文
大阪府	石油取締規則(←石油缶槽船及槽車取締規則)	明治38年5月22日	府令46	○◇	145
大阪府	**製造場取締規則**及び同施行心得 （原動機火気有害瓦斯悪臭音響、50人以上他）	明治29年2月1日 大正10年1月1日廃止	明治10年5月規則の改正 府令21 警達2	◎◇	105本文 121本文
大阪府	**製造場取締規則**	明治39年7月			105本文
大阪府	倉庫納屋其の他の建物に関する取締規則	明治41年7月6日	府令78	◇	
大阪府	燐寸製造場取締規則	明治42年1月18日	府令7	○◇	
大阪府	肥料蔵置所取締規則(悪臭有害瓦斯粉塵を飛散する肥料)	明治42年5月9日	府令53	◇	
大阪府	建築取締規則	明治42年8月18日	府令74	◇	
兵庫県	汽罐汽機取締規則(石油、瓦斯発動機に準用)	明治31年1月	県令6	◎○■	148
兵庫県	諸製造所及貯蔵所設置出願取扱方に関する件	明治44年6月	県保護20	◇	
兵庫県	建築取締規則(悪臭有害瓦斯粉塵を飛散防止、煙突を含む)	明治45年1月	県令2	◇	
兵庫県	化製場取締規則	不詳		○	
奈良県	**製造場取締規則**(蒸汽電気水圧石油等原動力竈使用劇響 悪臭危険有害)	明治31年6月	県令45	◎◇	142
奈良県	原動機取締規則(汽罐汽機、石油瓦斯発動機、水圧機)	明治40年5月	県令13	■	
奈良県	**火工場取締規則**(原動機を使用せず竈火炉吹子煙突等火 力を有する工場)	明治40年5月	県令14	◇	
奈良県	瓦斯事業取締規則	明治42年6月4日	県令28	◇	
和歌山県	**製造所取締規則**(剥皮膠肥料セメント獣脂魚油鋳造硝子陶器瓦石灰 燐寸石炭油工業薬品石鹸等)	明治28年4月17日	県令10	◇	
和歌山県	煙突火竈取締規則	明治30年5月	県令51	◇	126
和歌山県	瓦斯製造供給営業取締規則	明治42年10月	県令41	◇	
和歌山県	原動機取締規則(汽罐汽機、石油瓦斯機関)	明治44年1月	県令4	■◇	
岡山県	陸上蒸汽機関取締規則	明治31年11月	県令53（廃止）	○△◇	148
岡山県	弊獣解剖並化製営業取締規則	明治42年4月10日	県令41	◇	
岡山県	原動機取締規則(汽機汽罐、石油瓦斯機関)	明治43年3月20日	県令21	■	
岡山県	独立製錬場設置規程	明治44年1月14日	県令2	◇	
岡山県	**有害瓦斯及悪臭を発する製造場取締規則**	大正5年4月28日	県令13	◇	
岡山県	烟突取締規則	不詳		○	126
岡山県	石油貯蔵並運搬取締規則	不詳		○	145
岡山県	摺付木製造営業取締規則	不詳		○	143
広島県	煙突取締規則	明治31年5月	県令32	◎	126
広島県	**工業場取締規則**(原動機汽罐汽機、有害・悪臭の瓦斯液体、爆 発・発火・引火しやすきもの)	明治31年5月14日	県令甲31	◎◇	148
鳥取県	蒸汽機関取締規則	明治28年2月28日	県令15	◎■	147
鳥取県	瓦斯製造供給営業取締規則	明治43年9月20日	県令25	◇	

府県名	取締規則名	公布年月日	番号	資料（上記欄外）	岡工場法論の記載頁
鳥取県	摺付木製造営業取締規則	不詳		◇	
島根県	蒸汽汽罐(機関△)取締規則	明治35年12月28日	県令136	■△	
島根県	黄燐製摺附木製造取締規則	不詳		◎	
山口県	汽罐汽機取締規則	明治37年11月	県令85	■	
山口県	瓦斯事業取締規則	明治43年5月3日	県令41	◇	
徳島県	汽罐汽機取締規則	明治34年10月日	県令75(廃止)	△	149
徳島県	**工場取締規則**(蒸汽電気石油空気瓦斯等原動機運転)	明治40年3月17日	県令29	■	
徳島県	煙突取締規則	大正元年10月16日	県令7	◇	
徳島県	**製造所取締規則**(鋳造鍛冶煉瓦陶器玻璃石灰燐寸製革膠魚油等)	不詳	県令87	△◇	
香川県	陸上蒸汽機関取締規則	明治30年12月	県令100	■△	
香川県	石油取締規則	明治40年7月	県令58	◇	
香川県	発動機関取締規則	明治43年	県令15(廃止)		
香川県	瓦斯事業取締規則	大正2年10月8日	県令65	◇	
香川県	**発動機取締規則**(石油瓦斯電気空気を原動力とする発動機)	大正4年6月3日	県令26	■	
愛媛県	汽罐汽機取締規則	明治28年12月	県令66	◎■	148
愛媛県	**火工場取締規則**(玻璃竈鋳造鍛冶石灰コークス等)	不詳		◇	
高知県	**工業場取締規則**(瓦斯肥料石灰鉱油魚油獣油植物油植物油鉱酸酢酸硝子煉瓦陶器コークスセメント陶磁器擦附木鋳物製紙製糸紡績等)	明治41年10月	県令33	◇	
高知県	汽罐汽機取締規則	不詳	県令64	■△	
高知県	**製造場取締規則**	不詳		△	
高知県	黄燐製摺付木製造場取締規則	不詳		△◇	144
福岡県	汽罐汽機取締規則	明治31年1月8日	県令4(施行3月1日明治45年県令21改正)	■△	147
福岡県	**火業取締規則**(汽罐汽機を用いず陶器煉瓦セメント硝子瓦鍛冶鋳物石灰等)	明治31年2月10日	県令9(明治45年県令23改正)	◇	
福岡県	烟突取締規則	明治40年9月7日	県令47	◇	
福岡県	石油営業取締規則	大正2年5月1日	県令18	◇	
福岡県	危害品製造場設置規則	不詳		△◇	
大分県	建設物取締規則	大正元年10月30日	県令6	◇	
佐賀県	汽罐(及△)汽機取締規則	明治34年9月	県令6	■△	149
佐賀県	**事業場取締規則**(蒸汽電気瓦斯を原動力とする工場引火発火物品遊就有害物品)	明治43年12月	県令66	◇	
佐賀県	石油及瓦斯機関取締規則	明治36年3月	県令15(施行3月20日)	■	
長崎県	石油槽据置場石油槽船取締規則	明治36年5月1日	県令170	○◇	
熊本県	獣類化製及皮剥所取締規則(工業材料肥料製造)	明治31年1月日	県令9	◇	
熊本県	**火業取締規則**(汽罐汽機を設置せず火力を使用し営業)	明治32年11月	県令65	■	
宮崎県	汽罐汽機取締規則	明治33年2月	県令5	◎■	148
鹿児島県	水車取締規則	明治27年12月6日	県令79	■	
鹿児島県	燐寸製造営業取締規則	明治28年12月20日	県令102	◇	
鹿児島県	汽罐汽機取締規則(石油瓦斯機関に準用)	明治42年10月6日	県令90	■	
鹿児島県	石油取締規則	明治42年10月8日	県令93	◇	
鹿児島県	屋上制限及煙筒取締規則	明治43年3月11日	県令11(大正3年2月改正)	◇	
鹿児島県	魚獣化製場取締規則(油脂肪膠鞣肥料等)	大正2年8月11日	県令37	◇	
沖縄県	汽罐汽機取締規則	明治36年7月1日施行		■	

第Ⅲ章　工場法の施行

　工場法は、「制定ニ至ル迄ニハ實に約三十箇年ノ星霜ヲ積」み、明治44年の帝国議会で最終的な審議をされ、**明治44（1909）年3月28日公布**され、**大正5（1916）年9月1日に施行**されました。

（1）第1回工場監督年報
－大正7（1918）年3月30日報告

　工場法は、その実効を確保するため、法施行の前年から監督機関を発足させ、準備に入っています。担当の農商務省商工局工場課は、大正7年3月30日、「大正五年工場監督年報」を公表します。待望の第1回報告は、大正5年9月1日から12月末までの4ヶ月間の法施行の状況を主として府県の報告にもとづき編成されたものです。「工場監督年報」は、以後、昭和13年（第23回）まで刊行が続けられNDLで閲覧できます。

　第1回報告は、わずか4ヶ月間の法施行の状況をとりあえず報告するといったものですが、重要ですので細かく見ていきます。全4章と附録からなっています（以下、原文の漢数字はアラビア数字、カタカナはひらがな表記します）。

第1章　工場法施行に至る迄の経過

　第3部に、工場監督職員の配置表があります。

　府県への配置は、全部で199人。おもな内訳は、当時の行政需要を反映させ大阪府が最多の16人、次いで東京府13人、愛知県・兵庫県各10人、神奈川県8人、京都府7人、静岡・岐阜・長野県6人、福井・福岡県5人といったようになっています。

　この配置表につき、通商産業省「商工政策史第八巻工業労働」は、「この表をみて注意をひかれるのは、事務官60名、衛生官57名、技術官82名という構成をとり、衛生や技術の管理にあたる専門技術者が全員の7割弱を占めていることで、これは欧米先進国の発足時にはみられないものであった。」（104頁）という点を強調しています。この専門技術者には、当時の社会情勢から結核対策に取りくむ"医師である工場監督官"が多数含まれていました。後年、労働科学研究所暉峻義等は「大正時代の産業結核の研究は、凡て医師たる官吏によって為され」ていたと述べています（労働科学研究所「産業と結核」昭和17年12月25日本医学会講演録2頁）。大阪府は、衛生4名、技術8名と事務4名の構成になっています。

第2章　工業の概況

　冒頭、わが国工業発達の状況について、代表的業種である繊維工業、機械工業、化学工業の三者を見て大勢をうかがいます。維新からほぼ50年を経た大正5年頃、つまり、今から100年前のわが国の工業の状況を当局者がどのように理解しているかを示すものとして興味がひかれます。

第1節　繊維工業

「繊維工業は我国工業界の太宗なりと雖（いえど）も其発達は極めて近時に属し」、「日露戦役〔明治37-38年〕を了（おわ）り」、「明治43年の関税改正」後は、「手工を以て有利とするものの外殆ど機械工業と成り其規模は組織の上に於て欧米の夫れに比し甚しき遜色なき程度に達し供給力も亦豊富となり世界的工業たる要素を完備するに至れり」（7-8頁）とし、生糸業、綿糸紡績業、綿織物業、絹織物業、毛織物業、綿莫大小業（めりやす）、染色整理業につき説明します。

1　生糸業は、「現今本邦繊維工業中職工数に於て将又生産品価額に於て第一位を占むるのみならず其生産品たる生糸は実に本邦輸出品の巨擘（はた）たり」、「輸出数量は大正5年度に於て」、「伊、仏生糸を圧し其覇者たるに至れり」、「大正6年7月下旬より8月上旬の頃は有史以来未曾有の高価を以て輸出せられるに至れり」（8-9頁）。

2　綿糸紡績業は、「繊維工業中の主要なるものにして其の発達顕著なるものにして日露戦役後に於ける急激なる拡張に依り錘数250余万に達せる為め稍々生産過多の傾向を呈せしも大規模経営なる為め業者間の連係其宜しきを得て巧に苦境を避けつつ経営し来れり」、「大正5年の初に於て操業短縮を廃するの順調に復せるのみならず糸価は日々騰貴相続き空前の活況を見るに至り各会社は競いて拡張の計画を定め」る状況にある（9-10頁）。

3　綿織物業は、「固有の内地織物も大半機械に変するに至れるも其一半は尚手工に依り製織せられるを免れざるなく」、「一般的好況と綿糸高の影響に依り好況を持続するに止まり」はするが、輸出織物、その他の新需要により各工場増設を講じている（10頁）。4　絹織物業、5　毛織物業、6　綿莫大小業（めりやす）、7　染色整理業　と続きます。

第2節　機械工業

「本邦の機械工業は之を欧米先進国の斯業に比し甚しき遜色あるは勿論他の繊維工業等に比し其進歩遅々たるの憾みあり」、「機械工業地として主要なる地区は東京、大阪兵庫の2府1県にして神奈川、長崎、北海道、福岡、栃木、愛知の諸県之に亜ぐ（つ）」、「兵庫県は造船、車両製造及金属製品業等の盛なる所にして職工数に於ても生産高に於ても第1位を占め大阪府は金属製材料類の製作に於ては全国産額の約4割を占め船舶車両の産額、職工数等に於ては東京府を凌ぐも機械類の産額に於ては東京府は全国産額の約半を占む」、「欧州戦争〔この時期、第一次世界大戦のことをこのように理解していた〕の影響として現れたる事実の主要なるものを述べんか」、「兵器製造業造船業の如き収益大なる作業に従事する職工中には平時の二三倍以上の賃金を収むるものあり故に彼らの生活は向上し中には甚しく奢侈の弊風に陥れるものありと云う」、「機械工業に従事する職工増加したることは国防経済上喜ばしきことなると同時に工場労働問題に一紀元を劃せんとするものなり」（13-14頁）。

第3節　化学工業

「我化学工業は其萌芽を明治初年政府の保護奨励によりて発し爾来漸進（じらいぜんしん）して日清、日露の二大戦役を経て初めて発達の緒に着けり欧州戦争の起るに及び化学製品の輸入著しく減退し惹（ひ）いて価格の暴騰となり其影響を受けて茲に我化学工業は往事の面目を一新し各種の新規工業勃興し在来の化学工業亦（また）大に拡張せらる」、「化学工業の中心地としては大阪、東京の二府なりしか時局後斯業の発達と共に各地に其企業を見るに至り」、「我化学工業中時局に依り時に著しく発達したる工業の種類は窯業、製紙業、人造染料業、人造肥料業、油脂業、護謨業、セルロイド業、電炉業、製薬業等とす」（14頁）。

第3章　工場法施行の概況

第1節　総説

　工場法施行初年は、「時局に依り一般工業が好況に在るが為扶助の支給及設備の改善が工業主に対し重大なる負担たることなく甚だ容易に実行せられたると共に業務の繁忙なるが為就業時間が過長となり休日休憩時間が無視せられむとし又新たに夜業を開始する者あるに際しその施行を見たるは確に其機を得たるものと謂（いい）うことを得べし」、「各府県の監督職員は上記の如く主務省の当該官吏と共に工場法の内容及精神の普及及徹底に努めたる＊外工場に臨検し適用工場を決定し工場法の違反行為の矯正に努むると共に警察官に講話し或は警察官署に於ける工場主任者の会議を開きて事務の統一を図り工場台帳を整理し工場及び職工に関する各般の調査に従へり警察及衛生の行政は工場監督の行政と密接の関係あるを以

て工場監督官吏は警察及衛生官吏又は吏員との間に職務上常に連絡を保ち相互の間に於て必要の共助を為す」（18頁）

〔大正6年7月19日「飛騨日報」（岐阜県立図書館蔵）には、「工女を集めて署長の講演」「高山警察署長新井警部は本十八日高山町内製糸工場の紅女約六百有余名を別院臺所に招集し工場法の大意及び衛生上に関し一場の講演を開かれたり〔以下略、次号にも継続記事あり〕」。このような講演が全国的に展開されたことでしょう。〕

第2節　施行当初に於ける幼者及病者の解雇

　工場法は、適用工場において12歳未満の幼者の就業を禁止します（第2条）。また、特定の伝染性疾病、就業を継続すると病症の増悪するおそれのある病者の就業を禁止しました（工場法施行規則第8条）。これは、本人、家族にとって、生計上の大問題ですので、その行方を報告します。「被解雇者は、非適用工場に入りたる者あり、自宅に在りて内職に従事する者あり又は遊食する者あり尋常小学校に通学するに至り就学歩合を著しく増加したる地方あり而して解雇に際しては幾分の手当を受けたる者あるも然らざる者多く解雇の結果家計に支障を生じたるものあり」、「〔病者の就業禁止については〕被解雇者の実数は不明なるも大概五六百名に上りたるべし疾病の種類は肺結核其他の呼吸器疾患、重症トラホーム、脚気、心臓病、梅毒等最も多かりしが如し」、「幼少者病者等を通し総数約千名内外なるべし認めらる大体左表の如し」としています（19-20頁）。

　表をみれば、幼者については東京、大阪が不明、兵庫数百名、三重150位、愛知25、病者については東京多数、大阪不明、神奈川30位、愛知39、大分93（備考に大分紡績会社に於て身体虚弱なる者男13、女78を解雇すとあります。

〔施行規則（大正5年8月3日農商務省令第19号）第8条に基づき肺結核及び喉頭結核病者の就業を禁止したことが、工場法による結核対策の始まりです。この後、大正8年11月1日、全国民を対象に総合的な結核予防法が施行されました。ここに、結核予防のための健康診断、施設、結核療養所などの規定が整備されました。

　工場監督年報には、第2回以後、工業衛生という項のなかで結核対策が書き続けられます。第4回には、結核菌の好培養地である塵埃の除塵施設の改善、呼吸器〔マスクのことか〕の使用の奨励（90頁）、第5回大正9年（72-78頁）には、特別調査として京都府（103工場）、長野県（71,159人）、岩手県（4,753人）の健康診断施行状況、愛知県幡豆郡一色村の帰郷女工の死因の悉皆調査（大正6-9年の帰郷女工の結核死亡者39名、うち22名が20歳未満）などの記述があります。第8回大正12年には、「結核早期発見の手段としては年2回の健康診断を励行するに過ぎざるもの多く」と、年2回の健康診断が一般化していることを裏書きする記述もあります（102頁）。そして、第9回大正13年の第五章第四節「職工の定期健康診査」では、「近年府県当局に於て府県令を設けて管下全適用工場をして実施せしむるものあり」という状況に至ります（145頁）。昭和2年4月6日公布の工場附属寄宿舎規則に至り、全国的に、寄宿舎に収容する職工に対し1年2回の健康診断が義務づけられます（同則第16条）。工場における結核対策は、地道に進展していたのです。〕

第3節　幼者の就業

　当時、一家の生計のため、幼児が工場で広く働いていたことがわかります。幼者を無届け無許可で使

用するのはマッチ工場と硝子工場に多い。マッチ工場にあっては、母姉にともなわれ看護のかたわら就業しているが、目下、事業繁忙のため法の励行が困難であるとしています。硝子工場については、監督年報には言及はありませんが、大正 5 年 8 月 15 日同文館発行の「新令工場法の運用」（井関十二郎編著　同文館雑誌部）に、「苦痛を受る製壜業者」という製壜業経営者の一文があります。「私共の考へる処に依ると、當社のみでなく一般硝子壜製造業者の均しく苦痛を感じる処は、運搬に要する処の十歳未満の小僧職工の禁止である。」と苦衷を述べています。当業社は、男子職工 500 人、女工 2-30 人、15 歳未満が 200 人を占めているとします（406-409 頁）。

　法第 2 条第 2 項の軽易な業務で許可を受け就業する幼者は、1 府 13 県 5,688 人、東京府・大阪府・長野県は幼年者の数そのものが不明、兵庫県は数百名となっています。許可数が多いのは、長野県 2,379 人（全員寄宿、うち男 5 人）、愛知県 1,441 人(914 人寄宿、男 105 人うち 20 人寄宿)、埼玉県 765 人（うち寄宿 733 人、男 161 人全員寄宿）、三重県 756 人(うち寄宿 7 人、男 74 人全員通勤)といったところです。

第4節　法第5条による夜間作業の概況

　缶詰業、新聞紙印刷業で特種の必要により夜間作業をするが、特に憂慮することはないと報告します。

第5節　就業時間、休憩時間及び休日

　就業時間〔拘束時間〕は、「生糸織物及編物業」は 14 時間が通常、「織物業」は大工場中には 6 時又は 12 時交替昼夜業を営むものあり、「紡績業」は午前及午後 6 時交替昼夜業が原則、「其他の工業」は大体 10 時間乃至 12 時間。

　休憩時間は、1 日に 1 時間を通常とする。

　休日は、1 ヶ月 2 回制を採るもの最も多く、1 日・15 日と定めるのが普通。動力の関係で第 1・3 日曜日とするものも少なくはない。鉄工業其他都会地の大工場には毎日曜日というところも少なくはない。昼夜交替業では、5 日毎又は 7 日・8 日目に就業時転換をして転換日を休日とする。休日の回数は、漸次増加の傾向あり。祭日に休業する場合、定期の休日を変更するのが通常。

第6節　扶助　扶助規定の内容

　工場法により新しく設定された業務上災害の扶助は、その実行につき紛議を生じ又は義務の免脱したものはほとんどなく、設備改善の趨勢をもたらし、標準の公定により紛議を減少させたと報告します。

第7節　法規違反の状況

　工場法に違反し処罰を受けたものは、3県5工場6件の罰金刑と報告しています。

第4章　工場職工及徒弟

　大正 5 年 12 月末現在の工場法の適用を受ける工場総数 19,047、職工数 1,120,328 人。

うち職工数常時 15 人未満ではあるが事業の性質危険又は衛生上有害のおそれあるあるのとして適用を受ける工場 4,409、職工数 25,310 人と報告します。

職工 15 人以上を使用する工場の年齢別詳細を掲記します。

工場種類別年齢別職工使用状況（職工15人以上を使用する工場）　ママ:合計値あわないが、原文のまま

工場種類	工場数	男工				女工				合計	男女 10～12歳 未満
		10～12歳 未満	12～15歳 未満	15歳以上	計	10～12歳 未満	12～15歳 未満	15歳以上	計		
染織	7,852	421	8,306	92,424	101,151	7,349	96,445	427,838	531,632	632,783	7,770
うち製糸	2,712	30	2,737	16,650	ママ19,422	3,330	47,711	177,230	228,271	247,963	3,360
紡績	171	153	1,679	31,449	33,281	1,679	20,799	98,454	120,932	154,213	1,832
織物	3,330	182	2,526	25,202	27,910	1,795	21,602	114,418	137,815	165,725	1,977
機械器具	1,814	97	7,728	163,706	171,531	47	1,250	11,390	12,687	184,218	144
化学工場	2,146	1,323	7,534	89,156	98,013	1,464	3,611	40,543	45,618	143,631	2,787
うち発火物造	255	694	1,857	8,712	11,263	1,277	1,652	16,985	19,914	31,177	1,971
飲食物	519	－	448	16,238	16,686	2	191	5,024	5,217	21,903	2
雑工業	1,756	78	4,001	51,553	55,632	115	2,130	15,650	17,895	73,527	193
木竹蔓茎製品	546	7	607	15,254	15,868	42	219	2,425	2,686	18,554	49
特別工業	164	19	1,815	18,097	19,931	1	88	2,779	2,868	22,799	20
金属精錬業	90	15	1,574	14,723	ママ16,321	1	71	2,315	2,387	18,708	16
総計	14,249	1,938	29,853	431,153	462,944	8,976	103,717	503,224	615,917	1,078,861	10,914

法2②　許可　　　　　5,688

(2) 工場法下の府県工場取締規則
－工場法と府県工場取締規則の関係

　工場法が大正 5 年に施行された後、大阪府は工場法の手続き規定である工場法施行細則を大正 5 年 8 月 30 日に定めます（大阪府令第 51 号）。工場法関係の手続き書類は、所轄警察署を経由し、府警察部工場課に提出することになります。大正 9(1920)年 12 月 2 日大阪府令第 96 号でもって、明治 29（1896）年大阪府「製造場取締規則」を廃止し、新たに「工場取締規則」を公布し、翌大正 10（1921）年 1 月 1 日から施行します。これは、工場法施行令（大正 5 年 8 月 3 日勅令 93）第 40 条が「現行の命令は工場法又は本令に抵触せざる限り本令施行の為其の効力を妨げらるることなし」と定めていたことにより、「製造場取締規則」が効力を保持していたことを法的根拠とするものです。大阪府と連接する大工場地帯を有する兵庫県は、大正 9 年 9 月 6 日「工場取締規則」（兵庫県令第 71 号）を発しています。

　大阪府工場取締規則は、適用対象を「1、**職工 5 人以上を使用するもの**」に拡張します。また、「2、原動機を使用するもの、3、火気又は蒸汽力を使用するもの、4、有害瓦斯又は悪臭騒響を発するもの」も職工数にかかわらず適用対象とします。第 3 条 13 号除害設備、第 8 条危害健康施設、第 9 条学校公園上水道水源地との距離、第 14・15 条危害予防除害の命令などについても定めます。

　工場法は、労働者保護だけではなく、その守備範囲に公害防止を含み、工場からもたら

される内外の弊害を除去、緩和させることを目的に運用されていた事実が確認できます。この規則は、その後、改正を重ねながら、戦前の大阪府下の工場に適用され続けます（第一条一号**職工 5 人以上ヲ使用スルモノ**は、昭和 7 年改正に際し削除）。また、大阪府は昭和 7 年 6 月 3 日煤煙防止規則を制定し（10 月 1 日施行）、注目を浴びました。他方、労働条件に関する基準については、工場法を上回るような基準を設定することはありませんでした。

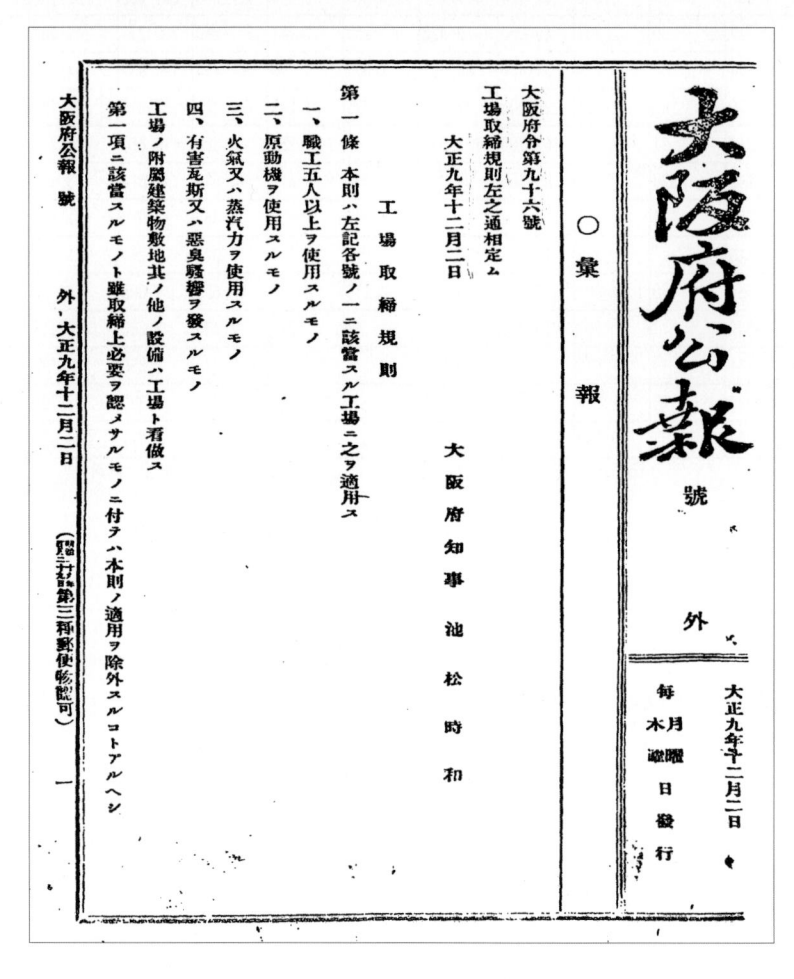

第IV章　工場法の展開

(1)　児童労働の排除
　　　　　　－工場法第 2 条から大正 12(1923)年工業労働者最低年齢法へ

　　　工場法第1条　本法は左の各号の一に該当する工場に之を適用す
　　　　　一　常時十五人以上の職工を使用するもの
　　　　　二　事業の性質危険なるもの又は衛生上有害の 虞 あるもの
　　　②本法の適用を必要とせざる工場は勅令を以て之を除外することを得
　　　工場法第2条　工業主は十二歳未満の者をして工場に於て就業せしむることを得ず
　　　　　但し本法施行の際十歳以上の者を引続き就業せしむる場合は此の限に在らず
　　　②行政官庁は軽易なる業務に付き就業に関する条件を附して十歳以上の者の就業を
　　　　　許可することを得
　　　工業労働者最低年齢法第2条　十四歳未満の者は工業に之を使用することを得ず
　　　　　但し十二歳以上の者にして尋常小学校の教科を修了したるものに付ては此の限り
　　　　　に在らず
　　　　　　大正12年3月30日公布、大正15年7月1日施行

(工場法施行当時の児童労働)

　明治維新後の近代的工場の増加にともない、多数の児童が家計補助のため工場で働くようになりました。児童労働は、健全な次世代を育成するという観点からは問題の多いものです。

　工場法施行（大正 5 年）当時の義務教育は、小学校 6 年でした。満 6 歳に達した翌月以降の新学期に入学し、12 歳の年に卒業しました。文部省の統計では、工場法公布の明治 44 年の小学校就学率は 98.2 ％とされています（「日本統計総覧第 5 巻」212-3 頁）。それは小学校に入学し学籍簿に搭載された数であり、卒業数ではありません。「日本近代教育史事典」（平凡社 175 頁）によれば、明治 45 年の卒業率は、74.5 ％、4 人のうち 1 人が、小学校を中退していることになります（当時の全体としての児童数は 700 ～ 750 万人）。

　ちなみに、明治 30 年大阪職工教育会調査報告によれば、朝日紡・摂津紡・大阪紡・野田紡・岸和田紡・平野紡 6 社の紡績職工総計 10,843 につき、尋常小学校卒業者は 1,055、9.7 ％です。このうち、男計 2,623　卒業者 390 、14.9 ％、女 8,220　卒業者 8.1 ％という状況です（「日本労務管理年誌第 1 篇上巻」昭和 37 年 5 月 25 日同誌刊行会発行 48 頁）。

「女工哀史」（大正 14(1925)年 7 月 18 日改造社初版、戦後の岩波文庫再版は今も書店に並ぶ古典）の著者細井和喜蔵（明治 30 年生まれ）は、自序に、たった 1 人の肉親の祖母が 13 歳の時に亡くなったので尋常 5 年限りで小学校を止し、彼の内縁の妻であり「女工哀史」の共著者と言える高井としをは自著『わたしの「女工哀史」』（平成 28 年 5 月、岩波文庫にて復刊）に満でかぞえると 10 歳 5 カ月の大正 2 年 3 月、自分で決心して 2 歳年上の姉といっしょに働きに出ています（同書 31-32 頁）。

（工場法の定め）

　工場法は適用対象の工場〔15 人以上の職工を使う**工場***〕において、「工業主ハ 12 歳未満ノ者ヲシテ工場ニ於テ就業セシムルコト得ス」と原則を定めました（第 2 条第 1 項本文）。

　(1) 例外として行政官庁は軽易な業務につき就業に関する条件を付けて 10 歳以上 12 歳未満の者の就業を許可することができるとしました（第 2 条第 2 項）。「工場監督年報」によれば、許可を受けていた児童は、大正 5 年末 13,147 人（うち女子 10,140、77 ％）でした。以後、逐年減少し、6 年 4,833（女子 3,837、79 ％）、7 年 3,278（女子 2,822、86 ％）、8 年 3,321（女子 3,000、90 ％）、9 年 1,950（女子 1,684、86 ％）、10 年 2,140（女子 1,905、89 ％）、11 年 1,743（女子 1,495、86 ％）、12 年 1,146（女子 938、82 ％）、13 年 673（女子 529、79 ％）、14 年 474 人（女子 368、78 ％）と年を経るごとに減少します。

　(2) また、工場法施行令第 26 条には、尋常小学校の教科を修了していない 12 歳以上 14 歳未満の児童を雇用する場合、就学に関する事項〔工場施設で小学校と同程度の教育をするか又は附近の小学校に教育を委託する「特別教育」の制度〕を定め知事の認可を受けることを義務付けました。就学者数は、大正 7 年 23,308 人、11 年末 17,179 人、12 年末 12,049 人、13 年末 8,427 人、14 年末 6,709 人、昭和元年末 4,134 人、同 2 年末 1,505 人と逐年減少しています。就学場所は、工場施設内が 65 ～ 75 ％を占めています。

　〔***工場**につき施行当初の行政解釈は、「工場法規に所謂**工場**の意義に関しては適確なる定義をことは到底困難なり個々の場合に於て各種の資料と四囲の事情とを参酌して決定する外なきも大体工場とは職工を使用して製造（原料と名称を異にする物品を製作すること）若は加工（原料と名称を異にせさるも之を変造、修復、装飾、精製すること）又は仕上げ、仕分け、包装、荷造り等の作業を或期間に渉り継続して為す目的とする一定の場所を謂ふ（以下略）」としました（大正五年十月十六日商局 1182 号、「労働保護法規並解釈例規」昭和 11 年 7 月 25 日協調会産業福利部発行収載 1-2 頁）。この後、木村清司（内務省書記官）「労働保護法」（昭和 11 年 9 月 20 日、日本評論社）では、工場とは「労働者を使用して物の効用を増加せしむる為に物に対し処理を加ふるの作業を継続的に為すことを目的とする一定の場所に於ける営利的施設を謂ふのである（29 頁）。」と洗練されます。〕

（就学状況の変化）

「工場監督年報」にみる学齢児童の就学状況　表　（数字は各年末）

（工場法適用工場における学齢期にある児童（6歳以上14歳未満）職工の就学状況

第11回工場監督年報にこれまでの確定報告がある）

監督年報	就学数 計	公立小昼学	公立小夜学	公立小夜学比	公立小計	工場施設計	合計	工場施設の比（%）	備考
第2回大正6		1,996	3,613	64	5,609	12,621	18,230	69	
第3回 〃 7	23,303	4,438	4,417	50	8,855	12,335	21,190	58	
第4回 〃 8	22,170	3,965	2,443	38	6,408	15,335	21,743	71	
第5回 〃 9	21,332	3,778	2,895	43	6,673	13,524	20,197	67	
第6回 〃 10	19,435	3,092	2,498	45	5,590	13,330	18,920	70	
第7回 〃 11	17,179	2,185	1,890	46	4,075	12,877	16,952	76	
第8回 〃 12	12,049	1,807	1,211	40	3,018	6,768	11,786	74	処罰 24 件
第9回 〃 13	8,427	1,296	949	42	2,245	5,879	8,124	72	
第10回 〃 14	6,709	1,444	668	32	2,112	4,404	6,516	68	
第11回昭和1	4,134	579	518	47	1,097	2,992	4,089	73	
第12回 〃 2	1,505				493	978	1,471	66	

昭和3年7月1日工業労働者最低年齢法施行

（工業労働者最低年齢法へ）

　工場法の施行により、工場で働く児童の実態を把握できるようになり、事態は工場監督行政の掌握下に入りました。そして、10 年後、第 11 回大正 15 年（昭和元年）「工場監督年報」には、「昭和三年六月三十一日即工業労働者最低年齢法施行後二ヶ年ヲ経過スル暁ニ至ラバ、尋常小学校ノ教科ヲ修了セザル學齢児童ノ工場ニ就業スル者絶無トナリ、多年工場法上ノ懸案タリシ學齢児童ノ問題ハ　ココニ消滅スベシ」（27 頁）と明言します。

　工業労働者最低年齢法（大正 12 年 3 月 29 日公布、昭和 3 年 7 月 1 日施行）は、工場に限らず鉱業、土石採取、土木建築、交通運輸、貨物取扱業等のすべての工業的業種を適用対象として、規模を問わずに適用される法律でした。最低年齢を満 14 歳とし、例外として 12 歳以上で尋常小学校の教科を修了した者の就業を認めました。この法律は、第 1 次大戦後大正 8 年 10 月に設立された ILO の第 1 回総会で採択された「工業に傭使し得べき児童の最低年齢に関する条約案」を国内において採用するために設けられたものですが、これまでの工場法施行がこの法律の施行を可能としたものといえます。

　しかし、商店、サービス業等にはこの法律は適用されませんので、児童労働はこの段階で解消されたとはいえません。そうはいいながらも、安定した職業に就くためには小学校卒業は必須条件であるということが人々に理解されるようになり、小学校卒業率は年ごとに改善されます。「日本近代教育史事典」によれば大正 7 年 80.3 ％、10 年 85.0 ％、昭和 2 年 91.5 ％、昭和 5 年 93.0 ％と上昇します。また、貧窮を理由とする就学猶予制度の適用をうける者が減少し、その男女比も接近します。

　「工場監督年報」は、第 13 回昭和 3 年末以後、毎年、工業労働者最低年齢法施行状況の報告を出します。同年の報告には "本法の核心たる第 2 条（最低年齢）違反" は 699 件（内訳-戒告 674 件、処罰 23 件、起訴猶予 2 件）となっています（265 頁）。昭和 13 年「工場監督年報」には、第 2 条違反の昭和 2 年以後の件数の推移が示されています（271 頁）。昭和 3 ／ 699、同 4 ／ 506、同 5 ／ 495、同 6 ／ 439、同 7 ／ 365、同 8 ／ 429、同 9 ／ 248、同 10 ／ 719、同 11 ／ 525、同 12 ／ 424、同 13 ／ 335 と減少しています。

（研究者の評価）

　花井信「製糸女工の教育史」（歴史書懇話会復刻　1999 年 12 月 10 日㈱大月書店）は、戦前日本の輸出を支えてきた製糸業の盛んな長野県各地をフィールドワークされ、そこに在る一次史料の緻密な分析の上に積み上げられた研究書です。

　著者は、富岡製糸場から戻った伝習工女和田英の後年の記録「富岡日記」にあるように、長野県では早くから工女教育（夜学）が始まり、これが発展し、明治 34 年から県の認可を得た松代尋常高等小学校に特別学級が設置され、これが「工場法施行後の特別教育に継受されていく」（98 頁）ことを証明され、そして、「長野県は先進的ではあっても、全国的には 1916（大正 5）年になって、小学校令第 35 条（1900（明治 33）年「尋常小学校ノ教科ヲ修了セサル学齢児童ヲ雇用スル者ハ、其ノ雇傭ニ依リテ児童ノ就学ヲ妨クルヲ得ス」）の裏打ち規定、すなわち工場法をもつことにより、実質的内容を具備するに至る。それを本書は義務教育制度の確立とみなす」と総括されます（324 頁）。その中で、諏訪郡平野村の事例（第四章）では、特別教育実施状況の変遷を分析され、1918 ～ 1926 年の児童総数 7,653 余、合計受

験者 4,866 名、合格者 2,525 名(174 頁)。「たとえ貧弱なものであっても、畸形的な結合であっても、基礎教育を労働の条件と課していることは、基礎教育が不就学児童の発達に役立っているのである限り、製糸工女の未来が展望できる」(187 頁)とされます。また、諏訪郡川岸村の事例（第五章）は、特別教授開設事業場数　1915(大正 4)年 8、1916 年 36 と、工場法の施行により急増したこと。1917 年には、私立片倉尋常小学校が開校し、昼間特別教育を実施し、翌年には校名を私立三沢尋常小学校に改め、近隣 300 人以上を受入れ、6 年生 151 人中 135 人が卒業し、1919 年には 137 人が卒業したことなどを示されています。

　紡績工場について、横山源之助「日本の下層社会」（岩波文庫、底本「日本之下層社会」1899 年教文館発行)に「余輩は断然紡績工場に職工教育なしと言うのむしろ事実に近きを信ずる者なり」(216 頁 1985 年改版) と述べます。これは、この書の底本発行 1899 年(明治 32 年) の頃の状況を述べたものと理解できます。先に引用した「日本労務管理年誌第 1 篇上巻」には、明治 30 年紡績主要会社職工教育(附表 56) の記載があります。横山の言うことと符合します。ところが、明治 35 年各種工場教育施設状況(附表 58) ◀紡績の欄には 35 社（工場）が網羅されています。5 年前の(附表 56) と対比すると、格段の違いがあります。事態は動いていることを示しています。

　岡實「工場法論」には、明治 31 年 9 月工場法案を各商業会議所に諮問、同年 10 月第 3 回農商工高等会議に工場法制定の件を諮問したとあります(13 頁)。その時の法案第 12 条に「工業主ハ尋常小学校ノ教科ヲ卒ラサル十四歳未満ノ職工ニ自己ノ費用ヲ以テ相当ノ教育ヲ与フルノ設備ヲ為スヘシ」とあります。工場法が、企業内教育を刺激したのでしょう。

　近年の研究・清川郁子「近代公教育の成立と社会構造」（2007（平成 19）年 2 月 25 日㈱世織書房発行）によれば、「男子児童の就学普及は、一部地域をのぞいてほぼ大正末期に完了し、女子児童の就学普及は昭和初期にほぼ完了する」とされます（702 頁註 64）。著者は、明治前期から始まる公教育の成立過程を三局面に分け、その第三局面として「工場法施行の時期」を重視されます（115 頁）。

　土方苑子「だが、その後も現実には尋常夜学校など「小学校ニ類スル各種学校」で一二歳までの教育を受ける子ども達が存在した。これらの子どもまで含めて一種類の学校で教育が普及するのは、まさに第二次世界大戦後にまでずれ込むのである。」(「東京の近代小学校」2002（平成 14）年 4 月 6 日東京大学出版会発行、190 頁）も説得力があります。

（事態の解決から労働基準法へ）

　事態を解決させたものは、児童の親、社会一般の理解の増進、教育界の取組み（特に、小学校教育現場で献身的に取り組む教師）、教育界と産業界の協力、行政機関による社会的な救済制度の進展などの要因によると理解されますが、工場法がその強力な執行力により児童労働を排除し、児童を本来あるべき所である教育の場に向かわせたことも事実でしょう。

　戦後、昭和 22 年 9 月 1 日、労働基準法が施行され、年少労働者の最低年齢を満 15 歳としました（第 56 条）。また、工場法が推進した企業内教育は定時制の高等学校、短期大学へとつながっていきました。

(2)　深夜業の禁止　－工場法第4条15年間の施行猶予、昭和4(1929)年猶予廃止

> 工場法第4条　工業主は15歳未満の者及女子をして午後10時より午前4時に至る間に於て就業せしむることを得ず
> 工場法第6条　職工を2組以上に分ち交替に就業せしむる場合に於ては本法施行後15年間第4条の規定は適用せず

（近代紡績工業発祥の地）

著者撮影

　大阪市大正区三軒家公園に「近代紡績工業発祥の地」という石柱が建っています。JR 大阪環状線大正駅南方 500m ほど、大正通りから東へ 200m ほど入った所です。

　柱の下方説明板に、次のようにあります。「近代紡績工業発祥の地（大阪紡績）明治 16 年 7 月に、東京・大阪の実業財界人渋沢栄一や藤田伝三郎らが出資した大阪紡績会社（通称三軒家紡績）が、当地三軒家村で操業を始めました。〔中略〕創業後間もなく夜業を始めましたが、明治 19 年に発電機を購入し、初めてあかあかと電灯がともり工場全体が不夜城のように浮かびあがり、各地から電灯の見学者が殺到しました。〔中略〕明治 20 年代には、当地を中心に数多くの紡績、繊維会社ができ、日清戦争から日露戦争の時代にかけて大阪は東洋のマンチェスターと呼ばれるにふさわしい発展をとげました。〔以下略〕」

（深夜業の始まり）

　絹川太一「本邦綿糸紡績史第 2 巻」（昭和 12 年 9 月 16 日、日本綿業倶楽部）第十二章大阪紡績会社に夜業開始の経緯を示しています。当初石油ランプのもとで徹夜業を行った、明治 17(1884) 年 8 月米国人技師によって電灯を取り付け、「幾多の困難と幾多の挿話の下に大工場の深夜業は完成した。」、「これを見た全国の紡績はいずれも競うて夜業を開始し、営業上の従来の不安から免がるるることを得た。爾後全国に新設せられた各大工場も亦た大阪紡績に倣ふて夜業を開始するに至った」(397 頁) とあります。「近代紡績工業発祥の地」は、深夜業発祥の地でもあったのです。

（深夜業の内容）

　農商務省商工局「職工事情」（明治 36(1903) 年 3 月 31 日初版、昭和 51 年 5 月 10 日復刻発行新紀元社版）第 1 巻、"綿糸紡績職工" は「昼業部は午前 6 時始めて午後 6 時に終り夜業部は午後 6 時に始めて翌日午前 6 時に終るを通例とす」「休憩時間は「食事時間 30 分及午前午後

に 15 分宛を与ふるを通例とする」〔1 日の実働 11 時間〕とあります。"生糸職工"は「昼業を主として地方により或は時期を限り夜業をなすことあり」、"織物職工"は「工場組織のものに至りては昼夜交替の執業方法を採るものなきにあらず」と記し、紡績業だけが深夜業を通例としています。したがって深夜業禁止の問題は、生糸職工や織物職工よりも、紡績職工の大問題です。

〔細井和喜蔵「女工哀史」（大正 14(1925)年 7 月 18 日改造社初版、戦後の岩波文庫再版は今も書店に並ぶ古典）は、深夜業がふつうに行われていた大正期の紡績工場を中心に叙述しています。山本茂美「ああ野麦峠」（昭和 43 年 10 月 10 日朝日新聞社）は工場法施行以前の製糸工女の話です。主人公政井みねが野麦峠において腹膜炎で息を引きとったのは、明治 42 年 11 月 20 日のことです。〕

　国立国会図書館デジタルアーカイブ〔NDL〕に「衛生視察記」大阪府立高等医学校本科四年級編（明治 39 年 8 月 25 日同校校友会発行）があり、その中に「**大阪紡績会社視察記**」（記事担当者高辻八郎・武田全一・三宅一哲　66-78 頁）があります。以下は、この視察記から抜粋したものです。

工場

一、　位置　西区三軒屋、敷地 9,102 坪
二、　組織
三、　造構　4 階造り煉瓦構造(三号工場、755 坪、昇降機により上下)、平屋造り新工場(3,370 坪)、
　　　　　　3 階造り機織部
四、　材料　亜米利加産三分、印度産七分の混用
五、　原動力は蒸気力を使用　圧力 100 ポンドのもの　8 個、170 ポンドのもの　3 個、
　　　　　　新工場に属する 100 ポンドのもの　3 個　　総原動力 1,800 馬力　〔計 14 個〕
六、　監督　会社内に一の派出所あり常置巡査駐在
七、　**労働時間　甲乙交代制**　甲**午前 6:00-午後 5:40、**乙**午後 6:00-午前 5:40**
　　　　　　　　機織部　午前 5:40-午後 8:00〔深夜業なし〕
八、　**休息時間　12:00-12:30　昼食、9:00-9:15、15:00-15:15**
九、　**休息日　毎一週の交替日**
十、　**職工数及年齢**　明治 39(1906)年の調査では**総数 4,500 人、現時の就業者 2,500 人男 2 分、女 8 分**
　　　　　年齢最低 13 歳最高 45 歳、父兄の就業するものにして子弟の処置に苦しむが如き特別の場合は
　　　　その保護を目的に〔これ以下の年齢のものを〕採用することあり
十一、　厠　周囲煉瓦、小戸、地盤はセメント
十二、　下水道　木津川の支流へ排泄
十三、　飲料水　上水
十四、　食堂　男女別
十五、　防火法　用意周到、「スプリングクラ〔スプリンクラ〕」の設備あり
　　　　　〔明治 25（1892）年 12 月 20 日、大火災あり（死者 95 人、負傷者 22 人）。
　　　　　　大阪府編「大阪百年史」昭和 43 年 6 月 21 日大阪府発行 475-6 頁〕
十六、　採光換気　場内一般に綿埃の飛散は免れない。工場における衛生的要求の実行は難。
十七、　照輝法　電気灯
十八、　痰病者の処置　治療所を表門側に設置

寄宿舎

工女のみ、**寝室は大抵 15 畳、一室 10 人**、2 階建て、土間の中通路、入口・窓は 2 間障子、消火器を各所

に配置、浴室の湯は絶えず流出し清潔、最近の献立 5 月 2・3・4 日朝昼夕とも各 1 菜/米飯/一週に一度肉類、食堂は腰掛け、**病舎** 2 階建て、病室 40、4.5 畳 (2 人) 6 畳 (4 人)、入舎患者現員 56、医員 2 医員介助 1 看護婦 4 介補 4、**毎月地方長官報告明治 39 年 3 月末調査 (職工数) 男 799 女 3,116/舎内 2,198** 〔70.5 %〕患者疾病 8 人死亡 1 人、裁縫場教育場/終業後二時づつ裁縫と普通学の補修を受ける。

視察者の希望

綿埃の予防法、寄宿舎寝室・食堂の暖室装置、至難のことではあるが募集の際の厳密な体格検査

（外国人の見た深夜業）

「大阪紡績会社視察記」(明治 39 年)、「職工事情」(明治 36 年)より早く、明治 31 年 5 月 20 日、フランス人アンドレ・ベルソールの旅行記「明治滞在日記」に「煉瓦造りの五層の大阪で最も大きな木綿の製糸工場」(76 頁)、「17 年前に設置され、三千七百人の従業員をかかえている」(77 頁) といわれる工場を見学した記録があります (大久保明男訳・新人物往来社 1989 年 4 月 20 日発行)。大阪紡績会社と断定はできませんが、綿糸紡績会社です。

「技師長が、まず、全体的な情況をわれわれに説明する。全体的に工場の運営は良好である。以前はもっと良好であったが、株主への配当が最近では二十五パーセントから十五パーセントに落ちたという。」、「技師長が示した数字によれば、普通の労働者は、平均して、十二時間労働の一日分として、七十から八十サンティームを与えられていた。女性は三十五から四十サンティームであった。彼らには、正午か真夜中に二十分の休息が許され、その間に米と野菜を僅かばかり食するという。彼らは肉はまったく食べず、魚の干物をまれに食べるだけである。私は、給料の少なさよりも、食べ物の粗末さにいっそう驚く。」(78 頁)。〔エレベーターに乗り上階へ〕「劇場の白い背景のように真っ白な広いホールが広がっていて、そこでは、電灯の光の中で、雪の降りしきる情景が模せられていた。まばゆいばかりのこの白一色の中で、二万五千の糸巻きが、すさまじい音を立てて回っていた。ふわふわした白い塊や白っぽいほこりが舞っていて私がずっと並んだ糸巻きの陰に見てとった丸くて黒い小さな物の中に落ちていた。小さなものとは、子供たちの頭だった。」(79-80 頁)。「そこには何百人かの子供たちがいた。」(80 頁)。「そして、ここにつけ加えなければならないのは、このいわば不眠不休の小学校を案内してくれた技師の言葉である。**『不思議なことですが、最初の三晩か四晩は、子供たちは眠気に負けてしまいます。しかしやがて、習慣ができます。子供たちは大人たち以上に夜頑張るのです。信じられますか？最も働くのは子供たちなのです。ごらんになったように、そういう子供たちがここにはたくさんいるのです。』、『それで、子供たちにどのくらい払うのですか』と私は質問した。『五銭です*』『十二時間の夜間労働に対して？』、『夜と昼のです』**(81-82 頁)。

〔*「物価の文化史事典」(展望社、2008) によれば、明治 31 年のうどん・そば一杯が 1 銭 8 厘 (120 頁)。〕

（岡「工場法論」の記述、石原修技師の警告）

岡「工場法論」第四章工場法令の内容・第四節就業制限・第 5 項夜業禁止問題として、56 頁 (488-543 頁) を割き説明しています。当時、明治 42 年末現在の紡績工業の職工は 102,986 人 (491 頁)、うち　男　21,347 (うち 16 歳未満　1,876　8.8 %)、女　81,639 (うち 16 歳未満 22,931　28.1 %) です。

「夜業が職工の健康を傷害すること甚しく且数々災害誘致原因となり、加うるに職工の風紀を紊るの基と為り衛生上並風教上之を禁止するは最も緊要のことに諸国に於ては広く之れが禁止を強制し居ることは既に述たる所の如し、〔中略〕本問題は法律の明文を以て夜業

禁止の実行を猶予したる関係上他日再び研究に上るの虞なきにあらざるを以て茲に記録するは必ずしも無用の業に非ざるを信ず」
として、後世のために記録を残します。

　岡實の部下である石原修技師(医学博士)は、大正2年10月国家医学会例会において女工と結核をテーマに講演をし、翌年、「衛生学上ヨリ見タル女工之現況附録女工ト結核」を刊行し、紡績女工の惨憺たる状況に警告を発します(国家医学会大正3年1月16日発行、復刻・光生館「生活古典叢書」5「女工と結核」1970年7月5日)。

（工場法による深夜業の規制）

　大正5(1916)年9月1日、工場法が施行され、深夜業につき規制しました。

　保護職工の就業時間は、1日につき12時間（実働11時間）まで（第3条）。保護職工の午後10時より午前4時に至る深夜業は禁止（第4条）。但し、交替に就業させる場合15年間はこの規定を適用しない（第6条）。休日は、毎月少なくとも2回、交替制で深夜業の場合は4回。休憩は就業6時間を超えるとき30分、10時間を超えるとき1時間（第7条）というものです。第6条但し書きが、工場法のザル法と非難されるゆえんです。

（深夜業の従事者数）

「大正5年（第1回）工場監督年報」は、就業時間について、「就業時間及其配置は同一工業に属するものと雖も地方又は工場に依りて差異あり且時期に応じて変更伸縮ありと雖も生糸織物及編物業は法の認むる最長限度に於て十四時間の就業を為さしむるを通常とす」、「織物業には〔中略〕大工場中には六時又は十二時交替昼夜業を営むものあり」、「紡績業は午前及午後六時交替昼夜業を営むを原則とする」〔以下略〕として、この三業種を言及するに止まっています（25頁）。

「大正6年（第2回）工場監督年報」は、「附表第一三　工場法第六条に依り夜間作業を行う職工数」を報告しています。紡織工業は、214,754人、うち女が167,567（78％）となっています。

年齢	男					女					合計
	12歳未満	15歳未満	20歳未満	20歳以上	計	12歳未満	15歳未満	20歳未満	20歳以上	計	
通勤	4	1,221	6,721	18,570	26,516	48	5,561	13,238	15,460	34,307	60,823
寄宿	7	1,065	8,332	11,267	20,671	566	25,873	66,022	40,799	133,260	153,931
合計	11	2,286	15,053	29,837	47,187	614	31,434	79,360	56,250	167,567	214,754

第2回工場監督年報（大正6年）附表第一三　94－95頁

（深夜業の終焉）

　大正 11(1922)年 11 月 1 日、工場法の所管は農商務省から内務省に移ります。内務省社会局は、「工場法公布後十二年その実施後六年半の間に於て当初予期せられた当業者の自発的改善も容易に実行せられない。而してこの間外にはワシントン条約〔国際労働条約〕案の成立するあり　内は国内の興論大に起り斯くの如き不自然して非人道的なる作業方法は一日も早く改めざるべからずとし」工場法の改正を提議します(吉阪俊蔵「改正工場法論」昭和元年 12 月 30 日大東出版社、109 頁)。

　そして、改正工場法は大正 12 年 3 月 30 日に公布されますが、同年 9 月 1 日の関東大震災により施行は延期され、同 15 年 7 月 1 日に施行されます。

　改正法は、第 4 条に「工業主ハ 16 歳未満ノ者及女子ヲシテ午後 10 時ヨリ午前 5 時ニ至ル間ニ於テ就業セシムルコトヲ得ス」（交替制で許可を受ければ午後 11 時まで）と定め、その施行は 3 年猶予され、昭和 4 年 7 月 1 日となりました〔改正法は工場法の適用範囲をこれまで職工 15 人以上であったものを 10 人以上とするなど重要な改正をしています〕。

　昭和 4 年第 14 回工場監督年報(昭和 10 年発行)は、「深夜業禁止の問題は我国工場法制定以来の懸案なりしが本年七月猶予期間盡くるに先んじ、従来深夜業を為したる紡績工場は二月以来相次いで之を廃止し、六月末迄に完全に深夜業を廃止したり。」と報告します(48 頁)。つまり、明治 17(1884)年に始まった深夜業は、45 年後の昭和 4(1929)年に終焉を迎えたということです。

　深夜業廃止を翌年に迎える前「昭和 3(1928)年工場監督年報」には、「保護職工の深夜労働の概況」を掲げます(73 頁)。これによると、保護職工を二交替制により深夜作業に従事せしむる工場数は 456、職工数は 16 歳未満の男工 844 人、女工 167,828 人とあります。

　東京都北区飛鳥山公園にある「渋沢史料館」で拝見した年表によると、大阪紡績を継いだ東洋紡績では「昭和 4(1929)年 1 月 12 日工場長会議にて、工場法施行をまたず全工場深夜業廃止を決定」とありました。同社王子工場は他社に先駆け、大正 14 年 8 月に深夜業を廃止しています（「大阪毎日新聞」昭和 3 年 10 月 12 日）。「大阪朝日新聞」昭和 3 年 6 月 16 日には、"深夜業撤廃するもの今日まで6割以上"とあります(「神戸大学新聞記事文庫」＊)。

〔＊「神戸大学付属図書館　新聞記事文庫」。この公開のデジタルアーカイブは、明治末から昭和 45 年までの新聞切抜き 50 万件という膨大、貴重な資料です。〕

　当時、工場法を担当する内務省社会局工場監督課長吉阪俊蔵は、その著「改正工場法論」に、「（徹夜業は）女工の健康を害し結核に冒されて農村に帰るもの頻々として相次ぐに及び紡績工場の夜業に対する興論の攻撃は傲然として興った。」、「紡績業は我国に於て最大の輸出産業の一であり国民の経済生活を保持する主要なる基本工業であるから、斯業の消長に付ては特に慎重なる注意を払ひ、工場法に夜業禁止の規定を設けたけれども 15 年といふ極めて長期の猶予期間を附し遂に工場法をして骨抜立法と呼称せしむるに至った。」、「工場に於ける女子及少年の夜業禁止に付ては改正工場法の実施に依り大正 18（昭和 4(1929)）年 7 月 1 日を以て之を実現することとなった」と解説します(107-114 頁)。

　この書では、「工場法は社会法の一であって工業労働問題の解決を目的とし工場に於ける備使関係より労働者が蒙る諸般の害悪を防止せんとする立法である(3 頁)」、「工場法は

雇主又は労働者が個人の力を以て救治すること能はざる害悪を国家が法律の力を以て労力の保護を図るものである(4 頁)」、「工場法は雇主が労働力を障害することを防止する目的を以て公益のため雇主国家に対する関係を規律したるもの(6 頁)」、「工場法は狭義に於ては工場労働者の保護法であり、広義に於ては労働者保護法規の意に用いられる(7-8 頁)」としています。第Ⅱ章(1)工場法の制定理由で見てきました農商務省当局の「工場法をもって単なる職工保護の立法とみずして、工業の健全なる発達のための必要なる立法と考えたのである。」とした立法当初の制定理由との違いが鮮明になっています。

（深夜業禁止の影響調査）

内務省社会局は、深夜業禁止直後の昭和 4 年 9~12 月、紡織工場を対象に「深夜業禁止の影響調査」を行い、その結果を「産業福利」昭和 6 年第 6 巻 5・6 号に公表します（復刻柏書房版 127~170 頁、大原社会問題研究所蔵書）。生産に及ぼしたる影響は、「実働時間数に於て 15 ％の減少」、「1 日 1 人當生産高に於て受持台数若は錘数の増加等により紡績に在りては 18 ％強毛織物にありては 1.5 ％強の生産増加をして居る。」、傷病率及出勤率に及ぼしたる影響の総括及結論は、「男女工共罹病率の減少を見」たと報告しています。その後、紡績工業における結核罹病率は低下して行きます(宮本忍「産業と結核」昭和 18 年 6 月 5 日朝日新聞社 88 頁など)。満州事変(昭和 6 年 9 月 18 日柳条湖事件)以後、戦備増強のために重化学工業の比重が高まり、一般男子の労働時間の制限が問題となります。これについては、(10)一般男子の労働時間の基準（83 頁以下）に述べます。

「女工哀史」の著者細井和喜蔵は、「本書はこれから先わたしが機会あるごとに語ろうとする広汎なる存在─工場と人との関係の、ほんの序文にしか過ぎないのである。」(大正 14 年 5 月 12 日付自序) という言葉を残し、大正 14 年 8 月 18 日、28 歳の短い人生を閉じます(妻高井としを『わたしの「女工哀史」』95 頁、岩波文庫 2015.5.15)。

戦前の紡績業が女工哀史一色で塗られていた、工場法がザル法のままで停滞していたとみることはできないでしょう。

（労働基準法による深夜業の禁止と雇用均等法による解禁、過労死等防止対策）

戦後、労働基準法は工場法を踏襲し午後 10 時から午前 5 時までを深夜業とし、女子・年少者のこれを原則として禁じましたが、昭和 61 年「男女雇用機会均等法」の施行にともない女子の深夜業を解禁し、妊産婦に限るという選択をしました。

職場における過重な負荷は、時代の社会状況に応じ、戦前は結核、近年は脳・血管、精神疾患として現れたと理解します。

平成 27 年 11 月 1 日、「過労死等防止対策推進法」が制定され、平成 30(2018)年 7 月 24 日、「過労死等の防止のための対策に関する大綱」が閣議決定されました。

(3) 職工の扶助から健康保険法へ

－工場法第 15 条から健康保険法へ

工場法第15条　職工自己の重大なる過失に依らずして業務上負傷し、疾病に罹り又は死亡したるときは工業主は勅令の定むる所に依り本人又は其の遺族を扶助すべし

（扶助の意味）

　工場法は、第 15 条に「職工自己の重大なる過失に依らずして業務上負傷し、疾病に罹り又は死亡したるときは工業主は勅令の定むる所に依り本人又は其の遺族を扶助すべし」と定めました。「扶助」とは、"助けること。力を添えること。"です（「広辞苑」）。労働基準法は、「災害補償」としています。扶助の対象は、職工*に限られます。

〔＊施行当初の行政解釈は、「工場法規に所謂**職工**の意義に関しては適確なる定義をことは到底困難なり個々の場合に於て各種の資料と四囲の事情とを参酌して決定する外なきも大体の標準を示すときは職工とは主として作業場内に在りて工場の目的とする作業の本体たる業務に付き労役に従事する者及直接に其の業務を助成する為労役に従事する者を謂ふ即ち工場の主たる作業は勿論之に関係ある作業例へば場内運搬、工場設備の手入、修覆に従事する者を包含す」としました（大正五年十月十六日商局 1182 号、「労働保護法規並解釈例規」昭和 11 年 7 月 25 日協調会産業福利部発行収載 25 頁）。木村清司（内務省書記官）「労働保護法」（昭和 11 年 9 月 20 日、日本評論社）では、「職工とは工場の目的とする作業の本体たる業務に付き労役に従事する者及直接に其の業務を助成する為労役に従事する者及直接に其の業務を助成する為労役に従事する者を謂ふ。従つて生産工程中に於ける運搬、機械設備に対する修理作業に従事する者は職工である。」と行政解釈と同旨です（33-34 頁）。〕

（工場法以前の扶助の例）

　工場法施行以前の扶助の例を「職工事情」（明治 36 年）から死亡災害に限って選択した表を次に示します。

「職工事情」に見る業務上の死亡災害の扶助

〔明治末頃、修業を必要とする大工の手間賃が 1 日 2 円位でした。当時の 1 円が今日の 1 万円と思えば、大体の感じがつかめるのではないでしょうか。〕

業種	死亡扶助金	葬祭料	共済
綿糸紡績	多くは50円以下、勤続・勤勉を参酌 100円以上はなきにあらざる 〔職工事情第二巻綿糸紡績職工事情第八章職工の疾病負傷に対する救済　113頁〕	20日間の賃金	紡績工場に於ては職工疾病救済の方法を設くるを常とす
大日本綿糸紡績 連合会	「紡績職工事情調査概要報告書」 136-138頁〔NDL〕	明治31年調べ	
大阪紡績	埋葬料及び遺族の扶助料30円以内		
摂津紡績	会社30円、社長5円、社員1円宛、各重役3円宛	－	義援金を募る大約1人1銭以上として30円 総計65円以上を遺族に給与
平野紡績	事情により、油差男工(51歳)50円、精紡女工(13歳)15円の例		義援金社員職工より57円21銭5厘、35円
朝日紡績	5〜20円	7〜30円	
日本紡績	10〜50円	社費	社員職工より応分の香資
三重紡績	200〜400円	相当の費用	
鐘淵紡績	100円以上	50円〜	
生糸工場	負傷に関し救済の方法設けたるものははなはだ少なし		共済の制度まったくなし
織物工場	力織機工場は職工規則に定める		組織するものははなはだ少なし
○○○○株式会社 職工規則の例	勤続年数と勤労の優劣等を斟酌 定期職工は20〜200円 普通職工は10〜100円		
○○○○株式会社 職工規則の例	現給3月分〜1カ年分	5〜20円	
鐵工場	扶助料を給するところ、はなはだ少なし	50円内外	
三菱造船所の例	等級に応じ50〜2,500円		
九州鉄道小倉	20〜350円		
川崎造船所	5〜200円		
官立工場	30円	10円	
硝子工場	雇用の際、病傷は原因の如何を問わず保証人において引き受けることを明記するもの多い		
セメント工場	たいてい大体の規定設けこれに準拠。職工と工場の関係は疎遠にしてややもすれば冷酷に流れると聞く		

甲工場の例	55〜100円	15〜30円	
乙工場、丙工場	100円以下、100円以上	50円以下、50円以上	
燐寸工場	不慮の災難に対して一定の救済法を設けるところなし		
大阪の工場焼失のときの例		20〜30円	
神戸の工場焼失のときの例		50円	醵金により51円(5人に)
煙草工場	疾病負傷に対する救済の方法は備わっていないようである		共済もない
印刷工場			共済会の好例がある
製綿等雑種工場		些少の弔祭料	職工仲間より応分の醵金

（工場法の扶助規定）

　工場法は施行令(大正 5 年 8 月 3 日公布、同 9 月 1 日施行) に扶助の内容を定めました。その内容は、農商務省が鉱業法(明治 38 年 3 月 8 日法律第 45 号) 第 80 条により定めた同年 6 月 15 日鉱業法施行細則(省令第 17 号) 第 66 条に準じるものでした。

　鉱業法第 80 条は、「鉱夫自己の重大なる過失に因らずして業務上負傷し疾病に罹り又は死亡したるときは鉱業権者は鉱業権者は命令の定むる所に従い鉱夫又は其の遺族を扶助すべし」と定めます。江戸時代からある鉱夫の共助組織「友子同盟」の伝統が先行させたものでしょう。

　工場法の扶助規定は、無過失補償責任の原則を第 4 条で定めた上、第 5 条から 20 条までを「職工又は其の遺族の扶助」に割きます。その第 19 条には、「工業主は扶助規則を作成し扶助の金額、手続其の他扶助に関し必要なる事項を定め地方長官(知事) 届出づべし。扶助規則を変更せしむとするときは亦同じ。地方官必要と認むるときは扶助規則の変更を命ずることを得」と定めます。今日、労働基準法第 89 条(就業規則の届出) と同じ仕組みを組み立てています。就業規則の行政官庁への届出制度は、ここに始まりをもつものです。

　扶助の対象

　扶助の対象は、「職工自己ノ重大ナル過失ニ依ラスシテ業務上負傷シ、疾病ニ罹リ又ハ死亡シタルトキ」(工場法第 15 条) です。

　このうち、疾病が業務上のものかどうかの判定は難しいので、行政当局は「之を諸外国の立法例に徴し我工場法の立法の精神に考ふるに」(岡「工場法論」608 頁) として、工場法施行直前の大正 5 年 8 月 9 日「工場法及鉱業法に於ける業務上の疾病の取扱いに関する件」でもってその取り扱い方を通達します(商 887 号)。通達は、当時、典型的な職業性疾病と認められていた 6 類型を限定的に列挙し、第 7 号に「前各号列記以外の疾病にし

て業務上の疾病と認めらるるもの」を加え、受け皿を広げ、諸般の事情を探求して業務に起因するかどうかを決定するとします。この通達は、昭和 11 年 7 月 3 日、25 類型が列挙された新しい通達に変わります(発労 55)。新しい通達でも、末尾第 26 号に「前各号列記以外の疾病にして業務上の疾病と認めらるるもの」が入れられます。

　工場法施行当初に採用された、この列挙方式は、戦後、労働基準法も継承します。同法は、第 75 条第 2 項でもって「業務上の疾病及び療養の範囲は命令で定める」とし、命令である同法施行規則第 35 条でもって業務上の疾病の類型を列挙します。列挙の末尾号は、「その他業務に起因することの明らかな疾病」で締めくくります。この列挙方式は、今日までゆるぎなく継承され、列挙内容の変遷は、わが国における職業性疾病の認識とその対策の発展過程のあらわれと考えられます。

扶助の内容

①療養の費用（医療費）を工業主が全額負担(第 5 条)

②療養中 1 日につき賃金の 1/2 以上の扶助料（3 月以上は 1/3 以上）

　　を工業主が負担(第 6 条)　　・・・鉱業法は 1/3 以上

③負傷又は疾病が治癒したときに身体障害が残存するとき(第 7 条)

　　　　　　　　　　　　　　　・・・鉱業法は不具廃失一括し 100 日分以上

　　終身自用を弁ぜざるもの〔→現行第 1 級の障害に相当〕　賃金 170 日分以上の扶助料

　　終身労務に服することできないもの〔→同第 2 級の障害〕　賃金 150 日分以上

　　従来の労務に服することのできないもの〔→同第 3 級の障害〕　賃金 100 日分以上

　　引き続き労務に服することはできるが傷害が残存するもの　賃金 30 日分以上

④死亡の遺族扶助料は賃金 170 日分以上(第 8 条)・・・鉱業法 100 日分以上

⑤10 円以上の葬祭料(第 9 条)・・・鉱業法も同じ

となっています。

　この扶助規定を担保する保険制度は、定められていませんでした。

　"怪我と弁当は自分持ち"といわれた当時、扶助規定は、実行されたのでしょうか。

（扶助規定の実行　「工場監督年報」による報告）

　工場法を担当した農商務省は、その施行状況につき全国の工場監督機関を通じ収集した情報をもとに、「工場監督年報」を編集・報告します。

　第 1 回「大正 5 年工場監督年報」は、大正 5 年 9 ～ 12 月分につき、翌々 7 年 3 月に報告します (29-31 頁)。その中で、「**扶助の実行に付き紛議を生じ又は義務の免脱を図りたるもの殆どなく**」、「扶助金額の標準の公定は、両者の紛議の減少」、「扶助により、職工・遺族は工業主の恩恵、ことに療養費の上に休業手当までを受けることは意想外なこととし、他の工場の職工がその工場に雇入れを申し込むような事例が現れた」と伝えます。

　「小規模工場は扶助規則作成が困難につき、府県によっては準則を作り指導している」、〔例えば、大阪では大阪鐵工協会が「職工扶助規則標準案」を「鐵工造船時報」第一巻第六号大正 5 年 11 月 15 日発行に掲載しています(2 頁)。〕「扶助義務の負担は、工場主には設備の改善の趨勢を馴 致（"なじませること"(「広辞苑」)）し、職工には機械取扱上の注意を与える」などの報告もあります。扶助金額の標準の公定は、目安の設定ともなり、非適用工場への波及効も考

えられます。

（労働災害・疾病データの収集）

　労働災害のデータも収集され、工場監督機関によって、わが国で初めてこのような数字が把握されました。

第2回 「大正6年工場監督年報」（大正8年10月報告）
　　第七章職工の負傷及び疾病　大正6年1月1日〜12月31日（131-174頁）
　　　負傷　男　37,186　　女　　7,472　　計　44,658（死亡者199、うち女6）
　　　罹病　男　63,923　　女152,784　　計216,740（結核死亡者男66、女165）
　　　負傷・疾病の休業期間　　男14.88日　女10.85日　平均12.25日
　　第八章　職工又はその遺族の扶助（175-181頁）
　　　扶助金額　　681,945円（のち、大正7年報告で701,945円に修正）
　　　扶助件数　　171,657件
　　　業種別小分類にわけ、詳細報告。
　「扶助は大体に於て適当に行はるるものと認む」（176頁）
第3回 「大正7年工場監督年報」（大正10年3月報告）
　　この年の報告では、労働災害に加え、疾病についても詳報します。
　　第七章職工の負傷及び疾病（184-266頁）
　　　常時50人以上の職工を使用する工場、大正7年12月末の職工数をもとに
　　　大正7年1月1日〜12月31日に3日以上休業した職工
　　　　426,265　うち男161,682、女274,583
　　　負傷・疾病の休業期間　　男12.58日　女9.90日　平均10.88日
　　第八章　職工又はその遺族の扶助（267-271頁）
　　　扶助金額　1,561,741円、扶助件数396,859件
　　　疾病総計372,708の種類別・通勤寄宿別・男女別の分析を進め、
　　　結核患者は2,896、その結末は治癒1,528死亡374と報告します。
　　業務上・外の負傷疾病につき、情報を蓄積している様子がうかがえます。
第4回 「大正8年工場監督年報」（大正11年3月報告）
　　　療養総日数3,757,160、休業総日数3,623,589、平均休業日　数13.50
　　公私の負傷疾病について、詳細な分析を進めています。

（工場法の扶助から健康保険法へ）－社会保険の開幕

　工場法を所管する農商務省は、大正9年から健康保険法の成立に邁進します。工場法施行から4年後のことです。後年、昭和10年3月内務省社会局保険部から「健康保険法施行経過記録」が編集発行されます。記録はNDLで閲覧できます。
　国会審議の最終段階に入った大正11年3月14日、衆議院特別委員会。
　四条政府委員（農商務省商工局長）
　「工場法の適用を受けて居る工場に従事して居る者が、150万人を算して居るに拘わらず、適用を受けて居りませぬ工場の従事者は、僅かに30万人位にしかなるまいと思う」、
　「工場法の適用のある工場及鉱業法の適用を受けて居ります事業及工場に対する所謂保険の基礎材料が、比較的完備致して居りますから之を強制加入に致しました」（199頁）。

工場法の施行により獲得された災害疾病データが、健康保険法の立法の基礎材料として利用されたことがわかります。

　健康保険法は大正 11(1922)年 4 月 22 日公布されました。同年 11 月 1 日、所管が農商務省から内務省（社会局）に移ります。これまで"労働保険"といっていたものが"社会保険"と呼ばれるようになります。大正 12 年の関東大震災のため施行が延ばされ、昭和 2(1927)年 1 月 1 日から業務上外を問わず保険給付が始まります。

（健康保険法による給付事業の始まり）

　大正 15 年 11 月に府庁が移転した直後の年の暮、大正天皇が 12 月 25 日に崩御され昭和と改元されます。明けて昭和 2(1927)年元旦の「大阪朝日新聞」（「神戸大学新聞記事文庫」）に"府庁舎跡に移転した大阪健康保険署では大晦日にスッカリ準備を整へ"、"健康保険給付は元日から開始"という記事があります。

　この日、大阪健康保険署も含め、全国 50 箇所の健康保険署で健康保険法による給付事業が開始されました。わが国、健康保険制度の開幕です。

　同じ記事に、"疾病負傷に対する療養の給付については政府と日本医師会、日本歯科医師会、日本薬剤師会との契約によって大阪府下各地の健康保険医 2,107 名、歯科医 733 名、薬剤師 509 名が旧 臘（きゅうろう）（去年の 12 月）30 日付けで大阪健康保険署から指定され"、被保険者は被保険者証を持って行けば診察投薬調剤が受けられるとの記事もあります。

大阪メトロ中央線阿波座駅の西、大阪市西区江之子島 2-1
大阪府立江之子島文化芸術創造センターの正面に
「 舊（きゅう） 大阪府 廳（ちょう） 」という石柱が建っています。
明治 7 年 7 月から大正 15 年 11 月まで大阪府庁のあった所です。

著者撮影

大阪市立図書館オープンデータ

近代大阪のいしずえ-明治 150 年[大阪名所]　二世　長谷川貞信　画

（施行された健康保険法の内容と給付の継続）

　被保険者は、工場法の適用工場〔職工 10 人以上の工場及び危険有害工場〕に働く職工を強制加入の被保険者とし、他に工業的業種にあって一定の要件を満たした任意加入の被保険者とするものでした。

　給付対象の保険事故は、業務上外を問わず、被保険者の疾病、負傷、死亡、分娩です。業務上外を問わず、私傷病の領域までカバーされることになりました。工場法の扶助に先行して保険給付され、その姉妹法として運用されます。

　事務を担当する健康保険署は昭和 4 年 7 月 31 日に廃止され、8 月 1 日から府県警察部（東京府は警視庁）健康保険課に移管されます。健康保険担当課の業務活動は、さきの大戦中も粘り強く継続され、戦後に継承されます。

給付の種類と期間
　1　疾病負傷につき
　　(1)療養
　　(2)傷病手当金　休業 4 日目から報酬日額の 60/100
　　(3)負傷は 1 回 180 日まで、業務外の傷病は 1 年を通じ 180 日まで
　2　分娩につき 20 円、出産手当金　産前 4 週間・産後 6 週間以内・報酬日額の 60/100
　3　死亡につき埋葬料報酬日額の 20 日分
保険者政府及び健康保険組合
経費負担(1)国庫（事務費）(2)保険料　被保険者・事業主折半

(労働者災害補償保険法の分離)

　労働災害については、戦後、労働基準法の「災害補償」規定を担保する「労働者災害補償保険法」が労働基準法と同日に施行され、分離独立し、経費は事業主全額負担、業種別の保険料率が採用されることとなりました。

(4) 八時間労働の発祥
－大正 8(1919)年 9 月 1 日神戸川崎造船所

(八時間労働発祥之地碑)

　神戸港ハーバーランドに 八時間労働発祥之地 という記念碑があります (扉写真)。JR 神戸駅の南東、国道 2 号をこえ、運河の跳ね橋とレンガ倉庫の間の一画、神戸市東川崎町一丁目地内です。碑の左側面に次の碑文があります。

「大正八年 (一九一九年) 当時の川崎造船所の松方幸次朗社長が我が国で最初に八時間労働制を実施したことを記念してここに碑を建立した　平成五年 (一九九三年) 十一月　(社)兵庫労働基準連合会　制作者井上武吉」と書かれています。

　この碑建立の前年、平成 4(1992)年 6 月に"週 40 時間制を盛り込んだ「生活大国 5 カ年計画」"が閣議決定、7 月に"労働時間の短縮の促進に関する臨時措置法"が制定され、5 年 7月労働時間短縮支援センターが設置されます。碑の建立は、週 40 時間制に向けた動きが本格化したこの時期と重なります。建立者の週 40 時間制確立に向けての決意と川崎造船所松方幸次朗社長に対する敬意を感じます。

　もとより、広い世間のことですから、兵庫県下においても八時間労働制の先行工場が見うけられます。旭硝子・浦新工場 (職工数 1,300) は明治 42 年 3 月交替八時間労働、明治 45年創立当時のリバーブラザーズ石鹸工場 (職工数 423)、大正 6 年ダンロップ護謨極東 (職工数 5,000)、大正 7 年鈴木商店製油工場 (職工数 237) などが新聞記事に出ています (大阪毎日新聞大正 8 年 10 月 3 ～ 17 日「兵庫県下における八時間労働制」、神戸大学新聞記事文庫)。碑の設置者は、大きな社会的事象としての八時間労働制が発祥したと評価されたのでしょう。

(工場法施行当時の労働時間)

　工場法は、労働条件の重要な要素である労働時間については"就業時間"といい、12 歳以上 15 歳未満の者と女子を保護職工として、就業時間 〔工場法にいう就業時間は休憩時間を含んだものをいいます〕 は 1 日につき 12 時間、午後 10 時より午前 4 時に至る深夜業を禁止しました。しかし、15 歳以上の男子の労働時間については、なんらの基準を設けませんでした。その理由を、岡「工場法論」は、「成年男工は、幼少者婦女と異なり、自衛力を有し其の自由意志に依りて工場主と適当なる労働時間の契約を締結し得るを以て、強いて法律を以て干渉するの必要なく寧ろ其の自由契約に一任するの勝れるに若かざるなり。」と説明します (260 頁)。

　工場法施行直前、大正 5 年 8 月 15 日、「新令工場法の運用」(井関十二郎編著同文館雑誌部発行) という書籍が刊行されています。その中に、「実際家の準備及び所感」という章があり、12名の方が自社のことを述べています。具体的記述のない 3 社を除き 9 社を下表「工場法施

行当時の労働時間の実例」に整理しました(363-409頁から抽出)。

工場法施行当時の労働時間の実例

	会社名	職工数	始業	終業	休憩	実働時間	休日
1	日本紙器	173(15歳以上)	7:00	17:00	12:00-12:30 15:00-15:30	9	
2	ミツワ石鹸	女30小卒工5-6	7:30	17:30	1時間	9	毎月1日と15日
3	芝浦製作所	定雇1,150-60 臨時1,900女60-70	7:00 19:00	17:00 7:00	2時間	10	
4	日新染布	200うち女12-3	6:00	18:00	正午午後3時に60分	11	
5	東京製氷	30ほど	6:00 18:00	17:00 5:00	1時間	10	
6	尼崎紡績	深川工場2,500 橋場工場4,500	6:00 18:00	18:00 6:00	9:00-9:15 12:00-12:30 15:00-15:15	11	月に4日
7	森永製菓	700内外うち男150	7:00	17:00	12:00-12:30	9時間半	日曜と大祭日
8	東京帽子	男250、女250	7:30	17:00 18:00	10:00-10:15 12:00-12:30 15:00-15:15	8時間半 9時間半	
9	東京製壜	男500、女2-30 内15歳未満の男200	6:30	17:30		拘束11	月に2日 大祭日

「大正8年工場監督年報(第4回)」(農商務省大正11年3月発行)は、第四章に「就業時間休憩時間及休日」を報告しています(64頁以下)。

これによると、22,451工場を調査し、「多数の工場に於て準備せる就業時間は12時間制(総数の40％)にして10時間制(29％)之に次ぎ以下は11時間制(13％)及び14時間制等の順位にしてその他の制度に拠れるものは総数の10％に達するものなし」と報じています(64-65頁)〔カタカナ表記をひらかなに改めた〕。

ちなみに多数の工場で採用されている就業時間は12時間制(実働11時間)、1日実働11時間×1週6日×4週＝264時間を今日の基準1週40時間からみれば40時間×4週＝160時間を超え、102時間が時間外労働となります。これを現行の過労死認定基準の「労働時間の評価の目安」でみると、発症前1か月間におおむね100時間又は発症前2か月間ないし6か月間にわたって、1か月当たりおおむね80時間を超える時間外労働が認められる場合」に該当し、"過重負荷"ということになります。当時の人びとは、今日的な基準でいう"過重労働"で働いていたことになります。

(川崎造船所の8時間労働制とその影響)

こうした状況下、川崎造船所が8時間労働制を採用したことは、画期的なこととして注

目を集めました。

　川崎造船所の 8 時間労働制は、大正 8 年 10 月 1 日から実施されました。この日のことを、「神戸又新〔ゆうしん〕日報＊」10 月 2 日号は伝えています（「神戸大学新聞記事文庫」）。

〔＊「神戸又新日報」は明治 17(1884) 年に神戸で発刊され、昭和 14(1939) 年に廃刊されています。〕

　大見出し「八時間制の一日」、小見出し「川崎兵庫分工場は此の日を永久に記念すべく◇残業を休止して退場◇」とし、記事中に「名目通り午後三時半限り休業」、しかし「八時間制と云っているが是は原則に過ぎず」、「明日からは三時間宛の残業を行う予定」、「〔職工は〕残業を希望している」とあります。なお、同社の兵庫工場 3,400 人、葺合工場 950 人。定時は 6 時 30 分出勤、7 時就業、12 時から 12 時 30 分休憩、15 時終業となっています。所定 8 時間労働、戦後昭和 22(1947) 年制定された労働基準法の法定労働時間と同一の労働時間がこの日に実現されたということでもあります。

　これは事件として報じられ、兵庫、大阪、京都の大工場から全国の主要工業地に八時間労働制が波及していきました。「神戸大学新聞記事文庫」を検索すれば、多数の記事に出くわします。

「大正 11 年毎日年鑑」（大阪毎日新聞社編纂）に "八時間労働制実施工場調査"（三菱合資会社査業課大正九年七八月調査）という記事があり (412 頁)、このトップに "川崎造船所・残業附八時間制残業普通八時間・旧制度十時間の賃金を八時間に対し支給し残業手当も一時間に付日給の八分の一となりたれば収入少なからず増加せり" とあります。この時は、所定外労働に対する割増はなかったようです。「工場法」には時間外労働に対する割増賃金の規定はありませんでしたが、東京瓦斯電気工業株式会社には "十時間労働せる場合二割五分増加" という定めがみえます (同年鑑 413 頁)。また、芝浦製作所は "残業附八時間制残業普通一時間・平均一割五分の増収となれり" という記事もあります。大原社会問題研究所編「日本労働年鑑」第 1 集 1920 年版 (1967 年覆刻法政大学出版局) には、11 月 25 日開催の工場監督官会議の議題中に "残業割増賃金の監督" があるというところから、当局の関心事であったことも疑いのない事実です (227 頁)。

(「大正 8 年工場監督年報」)
「大正 8 年工場監督年報」は、第四章「就業時間休憩時間及休日」に "第三　就業時間短縮ノ状況" を特記しています (70-74 頁)。
「大正 8 年中に突発せる現象中ここに特筆せるの要あるは同年 8 月以降 (主として 10 月及び 11 月) におこれる就業時間短縮問題なり。」と報じます。
「本問題の突発するに至りし動機は欧米諸国の大勢と第 1 回国際労働会議等の大なる渉外的刺激に因る所多かりしはもちろん国内に於いても諸物価の著しき騰貴とあいまちて団体的労働運動の高調し来れる等種々複雑なる事情に因由するものなり」と分析します。「形式上より観察すれば就業時間の短縮というを得えるが、これを実質的に観察する時はいわゆる就業時間の短縮は有名無実にして単に賃金規定の時間的基準を変革したに過ざるなり」と評価します。「その結果、1 道、3 府、9 県において就業時間を短縮せし 325 工場につきその概要をあげん」、「実施工場数最多かりし地方は大阪府の 107 工場、兵庫県の 63

工場、福岡県の 42 工場、東京府の 38 工場等なり」と西高東低の状況を説明します。そして、「〔阪神地方が〕先駆をなせし所以を探究するに(1)川崎造船所のごとき大工場に於いて率先実施したること(2)他地方に比し生活難著しかりしこと(3)職工の移動甚だしく且つ補充困難なりしこと及び(3)〔(4)のまちがい〕国際的労働運動の勃発とその悪化を憂慮せしこと等種々錯綜せる事情が動機若は原因」とします。結果、「職工の収入は就業時間短縮前に比し増加せること明らかなり。従って幾分職工の生活を潤沢ならしめはもちろん一般工業主に多大の刺激を与えたり」と総合的に評価します。

(「八時間労働」の伝播)

「神戸大学新聞記事文庫」にて簡易検索項目のキーワードとして「八時間労働」を検索すると 1,122 件ヒットしました〔平成 28 年 9 月 29 日現在〕。その大多数は大正 8 年の記事です。その中に、神戸川崎造船所の先導的役割を見ることができます。

「神戸大学新聞記事文庫」には、「大阪毎日新聞」大正 8 年 10 月 3 日から 17 日に「兵庫県下における八時間労働制」の連続記事があります。

当時、大阪市南区天王寺伶人町にあった大原社会問題研究所が大正 9 年 5 月 28 日「日本労働年鑑」を初めて編纂刊行しましたが、その"緒言"に、大正 8 年は「我国に於ては国民の社会生活上又は民衆の文化生活上実に一新紀元を画す年であった(「日本労働年鑑」1920 年版 1 頁、復刻版第 2 次 1979 年 10 月 29 日法政大学出版会)と評しています。

他方、国際労働会議に出席する使用者代表武藤山治(鐘紡専務取締役)は、「真の意味八時間労働ではなく仕事の都合に依っては十時間ともなり或は夫れ以上の労働するも妨げないと云うが如き頗る曖昧の規定である、そして只八時間以上の労働に対しては更に増給手当をする特典が付与されるのであって矢張り従前と差したる相違はなく」、「如何なる事情があっても絶対的に八時間以上の労働を禁ずるのが欧米の原則とする所である」、「理想であるがまだまだ早いと云わねばならぬ」と語っています(大阪朝日新聞大正 8 年 10 月 1 日「神戸大学新聞記事文庫」)。そして、この「まだまだ早い」は、100 年後の今日も続いています。

(5) 工場危害予防及衛生規則の制定

—昭和 4(1929)年 6 月 20 日

> 工場法第9条　工業主は15歳未満の者及女子をして運転中の機械若は動力伝導装置の危険なる部分の掃除、注油、検査若は修繕を為さしめ又は運転中の機械若は動力伝導装置に調帯、調索の取附け若は取外しを為さしめ其の他危険なる業務に就かしむることを得ず
>
> 工場法第10条　工業主は15歳未満の者をして毒薬、劇薬其の他有害料品又は爆発性発火性若は引火性の料品を取扱ふ業務及著しく塵埃、粉末を飛散し又は有害なる瓦斯を飛散する場所に於ける業務其の他危険又は衛生上有害なる場所に於ける業務に就かしむることを得ず
>
> 工場法第11条　前二条に掲げたる業務の範囲は主務大臣之を定む
>
> ②　前条の規定は主務大臣之の定むる所に依り15歳以上の女子に付き之を適用す

ることを得

工場法第12条　主務大臣は病者又は産婦の就業に付制限又は禁止の規定を設くる
　　ことを得

工場法第13条　行政官庁は命令の定むる所に依り工場及附属建設物並設備が危害
　　を生じ又は衛生、風紀其の他公益を害する虞ありと認むるときは予防または除
　　害の為必要なる事項を工業主に命じ必要と認むるときは其の全部又は一部の使
　　用を停止することを得

（労働行政の内務省への移管）

　大正 11（1922）年 11 月 1 日労働行政が農商務省から内務省に移ります。創設早々の内務省社会局は、工場法の適用範囲を職工 15 人以上から 10 人以上に拡張、幼年者の就業禁止規定の削除と「工業労働者最低年齢法」の制定、深夜業猶予期間の短縮などの改正に着手し、その実現をみます（「労働行政史第一巻」207~224 頁 "大正一二年の工場法の改正"）。

　労働災害の防止についても、**昭和 4（1929）年 6 月 20 日「工場危害予防及衛生規則」（内務省令第 20 号）**を実現させます。今日の「労働安全衛生規則」の始まりです。

　この規則が施行されるまでは、府県によって異なる規則がありました。「内務行政は、いわば監督行政としての色彩が濃厚であり、受身に真にやむを得ないものだけをとりあげる建前であり、各種施策そのものはつとめて地方に任せるというのが一般の態度であった。」と「内務省史」は述べています（「内務省史」第 3 巻第八章社会行政・第三節大正中期の社会行政・一時勢の変転と社会行政の転換 363 頁、昭和 46 年 6 月 1 日大霞会発行）。

（工場法施行前の労働災害）

　工場法施行（大正 5 年）当時の啓発書に、先にも述べましたが、「新令工場法の運用」という書物があります。この書に農商務省勝田一工場監督官が「沿革と危険豫防装置」を書き、そこに職工千人に対する各国災害率が出ています。

　イギリス 32（1913 年度）、ドイツ 59（同）、オーストリア 48（同）、フランス 55 〜 97（1906 年度）、日本　男 118・女 40（明治 39 〜 41 年の平均）とあります（157-8 頁）。ちなみに、わが国の平成 25 年製造業全体の千人率は 2.8 です。

（工場法施行当時の危害予防装置の状況と各地の取組）

大正五年第一回工場監督年報

　第四章工場並職工徒弟第五節工場設備の概況に、「**危害予防装置**に付いては調帯〔ベルト〕、調索〔ロープ〕を初めとし歯車、転子〔ロータ〕、車軸継手、調帯車等に対する蓋蔽〔ふたおおい〕、柵囲〔さくかこい〕、予防網其他の装置不完全にして調帯については安全移動装置を用いるもの少なく其他**機械器具の配置**宜きを得ず**作業通路**狭隘なるもの多し」とあります（78 頁）。

「大正六年第二回同年報」

　この回から工場災害予防につき 1 章を割き、監督機関の奮闘ぶりを報告しています。

第六章工場災害予防（115-130 頁）に、「動力伝導装置に関しては調帯及調帯車、車軸等が狭隘なる通路又は操業者の上部に位し又は其位置低き為危険の 虞 あるものに対し**柵圍**又は円蓋の設備に付注意を与え或は之が施設を命じたる事項少からず例えば京都府に於ては各種工場に付危険予防事項の改善に関し指導を与え、静岡県にては製紙、麻真田、織物、紡績工場に於ける調帯に付危害予防設備を為さしめ、三重、茨城、岩手の三県に於ては製糸工場の車軸に対し改善の方法を指示し之が施設を為さしめ、又通路上に 横 はりたる調帯を移転せしめ（北海道、京都府、長崎、香川県）」（115 頁）、「増設又は新設工場に於て原動機及汽罐設置の際は同時に工場監督官吏は危害予防上の見地よりの周到なる注意を加ふるを常とせり其結果不完全の点に付改善を命じたるもの少なからず其主なる事項は〔以下略〕」（116 頁）として、監督機関の働きかけを報告します。また、附録に某電気会社の**安全委員会**についての報告があります（117-118 頁）。

「大正七年第三回同年報」

　第六章工場災害予防（155-163 頁）に、「今工場災害予防施設の一般に互り概説すれば工業主並職工共に災害予防に関する知識未だ乏しく甚だしきに至りては 漸 く施設せる装置も不完全にして作業上の障害となり為に直に投棄せられ或は完全なる装置も之が維持監督の不十分なる結果何等の効力現さざるものあり然ども有効且完全に維持されつつある予防装置は機械製造者に於て当初より製作施設せしものにして殊に外国製機械に完全なるもの多きを見る」、「かかる如き状況なるを以て災害予防に関する智識普及の必要より**講演会**を開催し工業主注意を促し或は予防装置に関し具体的に図解せる**勧告書**を印刷配布し施設の励行を 慫慂せる府県漸く多からんとす」、「動力伝導装置に因る機械的災害中最も多数且つ重大なる災害を生じ最も危険なる工場設備なり・・・予防装置の実施関しては各府県殆ど其の励行を促進せざるものなし」とします（155 頁）。

「大正八年第四回同年報」

　第六章工場災害予防（109-139 頁）は、「予防施設に関する監督状況を見るに各府県共に既設工場に対しては臨検又は工場の増設、変更出願の際、新設工場に対しては建設出願の際必要なる施設を指示し、或は**災害**発生せし場合には其原因を精細に踏査し、適当なる予防方法を指示し以て**同種災害の**再発に備えしめ、或は一般工場に共通なる設備に対しては具体的に予防装置を図解せる印刷物を配布し施設を慫慂し」（109 頁）とし、災害調査により同種災害の予防に努めています。

「大正九年第五回同年報」

　この回から、報告は内務省社会局が編纂発行します。
　第五章工場災害（119-148 頁）は、「工場災害予防に関してはこの年の監督、注意及事業者及従業者の覚醒に依り災害予防に関する機運を促進し又各地に於ける**安全デー、講話会、協議会等の開催**は危害予防の宣伝に資すること大にして其の結果の見るべきものありと雖 も大正九年は経済界の動揺の為事業萎縮したるも災害並災害率を減少せしめたる力あるを認めざるべからざるべし」、「予防施設の本年の一般的状況は大体において工場設備は改善の傾向にありて」、「各府県に於て災害予防に関し特に注意を与え又は施設をもの

の主なるものを掲ぐれば」として、多数の府県の事例を掲載します。**作業服、防護具**の使用状況についても一項を設け、「作業服は一般に紡績、織物、機械工場等稍大規模の工場に於ては一定せるものを着用し其の型状適当なり」とあります（127 頁）。

以後、各地で同様の努力が重ねられます。

（工場法施行後の工場危害予防及衛生規則公布までの労働災害）

工場法施行の翌年**大正 6 年**「工場監督年報」によれば、同年の負傷千人率は **33**（死亡 199、休業 3 日以上の負傷 44,658、同年末の職工数 1,338,574）、翌**大正 7 年から昭和 2 年までの 10 年間は 27** となっています。この間は、「工場監督年報」の数字に不安定な所がありましたので規則制定時の説明会の「工場危害予防及衛生規則講演集」（財団法人産業福利協会昭和 5 年 3 月発行）講演者内務省社会局鈴木隆治技手が示した数字 27（89 頁）を援用しました。昭和 2 年 27、3 年 26、4 年 27 と横ばいに推移しています。

労働災害は、工場法施行後に行われた各地官民の努力の結果、全体に低下したけれども、千人率 26 から 27 に停滞している状況でしょう。そのような状況下、昭和 4 年 6 月 2 日「工場危害予防及衛生規則」が公布されました。

（工場危害予防及衛生規則制定後の労働災害）

新しく制定された規則は、工場法第 13 条「行政官庁は命令の定むる所に依り工場及附属建設物並設備が危害を生じ又は衛生、風紀其の他公益を害する虞ありと認むるときは予防又は除害の為必要なる事項を工場主に命じ必要と認むるときは其の全部又は一部の使用を停止することを得」の定めに基づく命令です。工場法施行大正 5（1916）年から望まれていたものですが、13 年を経てようやくできあがったものです。

昭和 4（1929）年 6 月 20 日公布され、新設工場には 9 月 1 日から施行され、既設工場には猶予期間がおかれ 6 年 9 月 1 日から全面施行されました。全 36 条からなり、各規則には、施行標準がつけられ、段階的、柔軟に実行されるよう配慮されています。

第 1 条は適用対象のこと、第 2 条から第 25 条は現行労働安全衛生規則第 2 編安全基準、第 26 条から第 34 条が衛生基準につながる内容です。

この規則は、これまで府県バラバラであった基準を統一し、全国の安全衛生の水準を高めたことは間違いないでしょう。「工場監督年報」に負傷千人率の推移を見ましょう（次頁下の表）。

> 大阪では、大阪府工場安全研究会
> 「工場危害予防及衛生規則実務図解」
> が刊行され、その普及が図られています。
> （昭和 4 年 12 月 15 日
> 大阪府警察部工場課内
> 工場安全研究会内桃井止山　発行）。

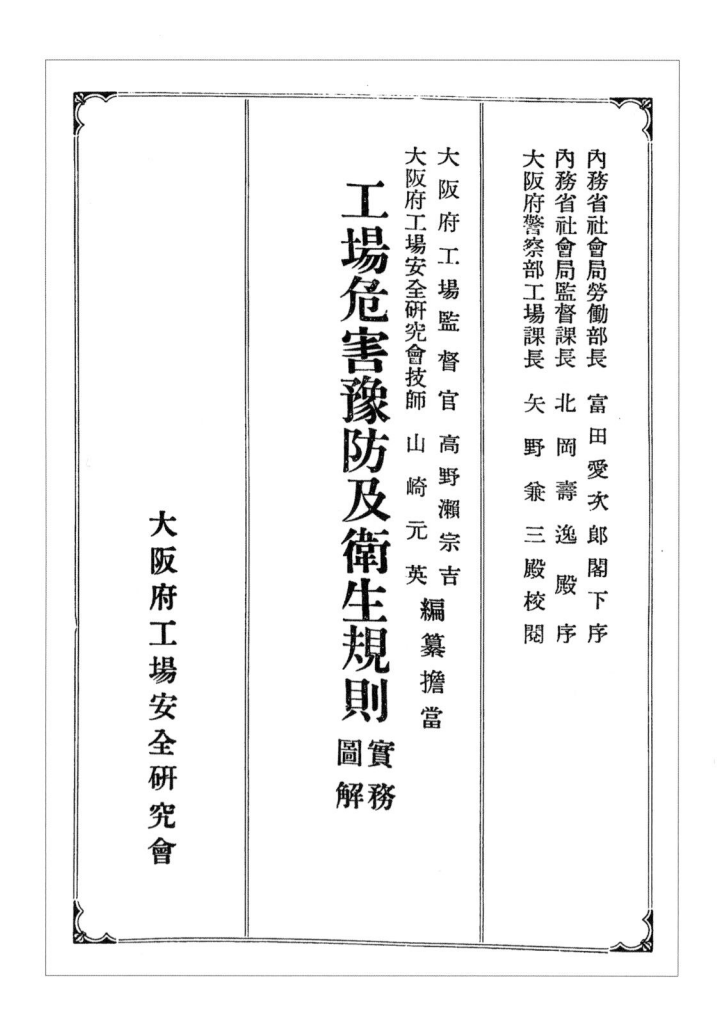

工場危害予防及衛生規則制定後の負傷千人率の推移

年	死亡	負傷 休業3日以上	職工数年末	負傷千人率	備考
大正6	199	44,658	1,338,574	33	大正5(1916)年9月1日工場法施行
大正7～ 昭和2				27	「工場危害予防衛生規則講演集」89頁 講演者·内務省社会局技手鈴木隆治
昭和2	279	44,837	1,687,472	27	
3	298	44,386	1,735,327	26	7月全国工場安全週間開始
4	379	49,204	1,810,176	27	6.2工場危害予防及衛生規則公布
5	343	43,270	1,653,549	26	
6	284	35,207	1,623,087	22	9月満州事変
7	250	34,233	1,599,760	21	11月第1回全国産業安全大会開催
8	354	41,963	1,743,689	24	
9	521	57,139	2,004,775	29	死亡には台風死49を含む
10	532	69,760	2,274,133	31	
11	551	80,541	2,482,028	32	
12	681	101,491	2,750,597	37	7月盧溝橋事件（日中戦争）
13	834	118,244	3,037,446	39	1月厚生省設置、4月国家総動員法公布

（戦時下の労働災害）

　規則制定後、第 1 回全国産業安全大会が開催された昭和 7 年頃までの労働災害は、順調に減少していましたが、8 年に至り急増します。これにつき、同年「工場監督年報」は、「安全法規の徹底と安全思想の普及とは、職工死傷数の発生を漸次逓減傾向に導き来りたるに拘わらずかく急激なる逆行をなしたるは、主として本邦の国際的地位に急激なる変動を生じたる影響と見らる。即ち、昭和六年九月満州事変の勃発を一転機として、本質的に災害率高き重工業の躍進顕著なるものあり、又軽工業に於ては為替安の好影響を受けて織物業、紡績業染色整理加工業等輸出産業振ひたるも、災害少なき製糸業は米国の不況を反映して却って転落し、為めに本邦産業の構成内容に注目すべき変移を生ずると同時に、職工の死傷者数も累加するの止むを得ざるに至れるものとす。」と報告します（「第 18 回工場監督年報」昭和 10 年 3 月 30 日・社会局労働部編纂発行、299 頁）。

　公開されている工場監督年報は昭和 13 年第 23 回までですが、戦後刊行された「日本労働年鑑特集版太平洋戦争下の労働者の状態」（法政大学大原社会問題研究所編昭和 39 年 10 月 26 日東洋経済新報社発行）には「太平洋戦争が開始された一九四一（昭和 16）年の工場における労働災害は、勤労者一千人当たり三五・七三を記録し、前年に比べると〇・九三の上昇を示した。」とあります（116 頁）。これによると、昭和 15 年は 34.8 になり、12、13 年より低減したことになります。

　他方、「簡明工場安全教本」（大阪工業教育研究会機械科編、昭和 17 年 10 月 20 日発行）という書には、昭和 15 年中に全国の常時 50 人以上労務者を使用する各種工業の次のような桁違いの数字が掲載されています（4 頁）。

業種別傷害調

業種別	死傷者数	千人當率
金属工業	139,047	443.18
機械器具工業	361,919	428.63
化学工業	35,051	123.83
ガス及電気工業	1,295	180.01
窯業及土木工業	13,846	21.895
紡織工業	29,005	51.86
製材及木製品工業	4,044	161.57
食料品工業	6,128	13,987
印刷及製本業	819	30.27
其他の工業	2,997	122.1
計	594,151	**271.14**

（前年　計　　　　441,000　）

死亡　　　　　　779

　死亡 779 人は、**戦時下の東京府における**「職工死傷状況一覧表」（62 頁）の昭和 15 年職工の死亡災害 109 人から、推し量れば、信憑性のない数字とは言えないようです。

（戦時下の労働災害防止）

　「工場危害予防及衛生規則」制定後、昭和9年5月3日「土石採取場安全及衛生規則」（内務省令11）、同12年9月30日「土木建築工事場安全及衛生規則」（内務省令41）が制定され、その内容は、いずれも現行労働安全衛生規則に引き継がれていきます。

　昭和13年1月11日、厚生省が内務省から独立し、労働に関する事務はその所掌するところとなりました。同年4月1日国家総動員法が公布され、戦時色が濃くなりましたが、同年7月には安全管理者（常時50人以上の工場に適用）、工場医（常時500人以上の工場に適用）、安全委員（常時10人未満は除く）、安全委員会（任意）等の安全衛生管理体制の種もまかれました。安全運動も途絶えることなく、昭和15年9月、第9回産業安全大会が大阪市中之島の中央公会堂にて開催され、太平洋戦争直前の安全週間は「総力戦だ努めよ安全」の標語のもと16年7月1日から7日まで実施されました。

　厚生省管理課井口幸一技師は、「生産技術」誌（工業評論社発行）昭和18年6月号に「戦時増産の時なればこそ餘計安全を重くみなければならないのであって、能率を増進しよふ場合安全を無視して災害の起るのを構はずして能率増進を計るといふ一人もいないと思ふのである。〔中略〕生産増強の手段としても益々安全運動は戦時下特にやらなければならぬと感じてをる。」と思い（2頁）、戦前の安全運動を推進した恩人蒲生俊文は「戦時下の産業安全運動」（昭和18年8月15日、大日本雄弁会講談社）を著し、序文に「誠に人力保全安全運動こそは産業戦完遂の為に目下焦眉の急務である」と述べたあと、"安全工場参観記"として模範工場の "物の取扱、運転中の機械、墜落滑落転倒、手工具、安全掲示板、突出した釘、墜落物体、電気、爆発、火傷、作業衣、防空、安全心得" といった具体的、今日にも通用する普遍的な産業安全の技術的事項を示しています。「工場安全即産業報国」（労務管理全書第15巻「工場安全」、昭和17年10月、東洋書館、17-18頁）という考え方のもと、国策に沿いながら、産業安全の灯はともし続けられました。

　戦中、厚生省勤労局「勤労時報」昭和18年2月号には「戦時安全指導講習会」が同年1月18日以降2月3日まで福岡、広島、神戸、大阪、名古屋、福島、新潟、東京、横浜の各地で各2日間、開催されたと報告があり（10-11頁、「勤労時報」のNDL蔵書は昭和18年3月号まで）、昭和19年2月の大日本産業報国会の報告「昭和十八年度中央本部活動概要」中には、「汽罐士養成講習会」を各地に14回開催、「安全週間ハ特ニ『戦力増強』ノ句ヲ冠シ、六月一日ヨリ一週間全国一斉ニ実施セラレタリ」とし、各地の大会、安全大講演会の開催を報じています。「尚、十九年三月中に起重機安全操作案に対する安全委員会及ビ鍛造及起重機操作案に対する安全委員会を開催の予定。」とも記し、今日の「クレーン等安全規則」への道を示しています（「資料日本現代史7産業報国運動」1981年10月23日大月書店発行、458-459頁）。

　史料「昭和十九年七月勤労行政概況警視廳勤労部」＊（「日本労働運動史料第九巻」（労働運動史料委員会編集1965年7月1日刊行、354-535頁）によれば、「大東亜戦争勃発後総力戦即ち生産戦に移行し必勝生産力の確保に国家の重点を置かるるに至り之が源泉たる工場設備、工員の増大著しく而も之に反比例して工場災害は徹底的に減少せしむるの絶対的必要に基き大要左の如き施策を行い来れり、1 工場安全運動実施計画書の徴取　年頭に管下五十人以上職工使用工場に対し其の年度に於ける安全運動実施計画を樹立せしめ交付報告書に詳細記載の上報告せしめ」、「2 安全教育の実施昭和18年3

月 10 日 1 日間警視庁済美館に於て各警察署労政主任、東京産業報国会各支部安全委員長全員に対し決戦下に於ける安全管理機関の運用と・・・6 安全週間の施行〔以下略〕」等を実施し、そして、昭和 14 年から 18 年までの「職工死傷状況一覧表」と「〔屋外労働者〕事業場災害統計表」を報告しています(371-374 頁)。

〔＊　史料は、「日本労働運動史料第九巻」の目次上『第五期昭和一二～二〇年』と区分された時代の『第一編労働者状態第二章**太平洋戦争下における労働者状態**』第一節警視庁『勤労行政概況』（その一総説）（その二戦時労務統制）（その三戦時労務動員）』に位置づけられています。原史料は公刊されたものではなく、謄写刷りのものがとして保管されていたとの説明があります（315 頁）。〕

戦時下の東京都（府）における「職工死傷状況一覧表」〔昭和 18 年 7 月 1 日東京府は都となる〕

年次	男				女				総　計			
	死亡	重傷	軽傷	計	死亡	重傷	軽傷	計	死亡	重傷	軽傷	計
昭和14年	140	3,707	10,111	13,958	4	156	305	465	144	3,863	10,416	**14,423** ＊
昭和15年	104	3,628	10,372	14,124	5	177	349	531	109	3,805	10,721	14,655
昭和16年	90	3,362	9,689	13,142	1	146	277	424	91	3,508	9,966	13,566
昭和17年	104	3,540	10,950	14,594	3	162	276	443	107	3,702	11,226	15,037
昭和18年	91	3,489	11,286	14,866	2	127	233	362	93	3,616	11,519	15,228

〔＊警視庁工場課矢野喜三郎「警視庁管下に於ける工場従業員死傷事故の観察」警察協会雑誌昭和 15 年 4 月号 10-13 頁、NDL）には、昭和 10 年 7,986、**14 年 14,423** とあり、上表の 14 年と一致します。史料では、昭和 11 年は 10 年の 106、12 年は同 160、13 年は 177 と指数表記されているので、それぞれの年の死傷数が 8,465、12,778、14,135 と算出されます。なお、職工数が 10 年 100 に対し、11 年 112、12 年 134、13 年 173、14 年 212 と「支那事変勃発を契機として異常の激動振りを示している」とあります。〕

戦時下の東京都（府）における屋外労働者の災害統計表（昭和18年10月1日現在）

年次	土木　建築		交通　運輸		貨物　積卸		計		扶助
	死亡	重傷	死亡	重軽傷	死亡	重軽傷	死亡	重軽傷	件数
昭和14年	46	2,351	28	782	7	3,173	81	6,306	5,376
昭和15年	28	1,951	15	1,071	8	3,263	152	6,285	5,285
昭和16年	32	2,343	14	1,018	5	2,955	51	6,316	5,411
昭和17年	33	2,245	6	896	4	1,825	43	4,966	4,193
昭和18年	33	1,841	10	499	3	1,468	46	3,808	3,278

　　今日思いも及ばない労働災害数ですが、戦後の労働災害防止行政はここから出発していることを銘記する必要があります。昭和 23 年東京都下の製造業の死亡は **85 人（ピーク昭和 34 年 148 人）**、建設業の死亡は 44 人（ピーク **39 年 303 人**）となっており、両業種とも戦後のピーク時（高度経済成長期）は戦時中よりも多い件数となっています（「東京労働基準局三十年の歩み」（昭和 52 年 12 月刊行 149 頁）。

(6) 工場法による公害防止
－昭和6（1917）年工場監督年報「工場公害問題」

（工業化にともなう災厄の防止、府県令）

　明治維新後の工業化は各地に製造所、工場（以下、工場）の発達をもたらし、近隣住民に働く機会を提供し生活の向上をもたらす一方、工場の塀の中で働く者に労働災害、塀の外の近隣住民には公害といった災厄をももたらしました。この災厄に直面した地方行政庁（府県）は、その地の状況に応じ対応策を講じました。対応策は府県令という形で出され、最初のものが大阪府の明治 10（1877）年「鋼折鍛冶湯屋三業取締規則」であること、これが発展し一般的な規則として際立っていると評価される明治 29（1896）年「製造場取締規則」が出されたこと、いずれもが公害防止を重視していたことを第 I 章で述べました。

（工場法による工場公害防止）

　大正 5（1916）年 9 月 1 日の工場法施行直前 8 月 3 日に公布された同法施行令は、第 40 条に「現行の命令は工場法又は本令に抵触せざる限り本令施行の為其の効力を妨げらるることなし」と定め、前示大阪府令を含め、おびただしい数の府県令を傘下に収めました。

　工場法はその実効を確保するために工場監督制度を導入し、工場監督官を府県警察部（東京府は警視廳）に配置し、工場課（小規模県では係）を新設しました。最初に府県に配置された工場監督官（または同補）は、199（大阪 16、東京 13、愛知・兵庫各 10、神奈川 8）人でした。工場監督官の活動結果は、工場監督年報として毎年報告され、第 1 回は大正 5 年 9 月〜 12 月分を大正 7 年 3 月に報告され、昭和 13 年第 23 回まで報告が重ねられました。

（工場監督年報にみる工場公害）

　第 1 回報告は、工場公害に関して"第四章工場並職工及徒弟・第五節工場設備の概況"「**除塵装置**に付ては工場法施行以来当局は之が設置に関し勧奨に努めたるも製綿、混綿、製麻、鋳物、鍍金、金粉貝釦刷子、セメント燐酸肥料、硝子原料其他鉱石の粉砕を行う工場等に於ては尚未だ遺憾なる点少しとせず」、「**有害瓦斯**の**除害**に関しても亦相当の注意を加へ居るものなきには非ざるも未だ充分ならざるもの多し」と述べます（78 頁）。

　翌 6 年第 2 回報告、"第五章工場衛生第一節工場衛生に関する施設"「**下水**　工場の下水中には有機性及無機性有害物質を含有するが故に其排除方法にして宜しきを得ざるときは公衆の健康等に影響を及ぼすこと至大なり従て排水の如何は重要なるも之を等閑に附するもの多し」と述べています（55 頁）。

　以後、報告が重ねられ、昭和 6（1931）年度第 16 回報告では、"第七章工場公害問題"と独立した章が割かれるようになりました。同年 10 月 1 日現在の適用工場総数 73,216、同年内に廃液、散逸する蒸気、粉塵並びに音響、振動等に関し、附近住民との間に発生した紛議 29 件、前年度 24 件とし、次の表を示します（322 頁）。

	6年度発生	5年度以前発生 6年度の状態	計	5年度発生	4年度以前発生 5年度の状態	計
解決	19	18	37	8	4	12
未解決	10	22	32	16	24	40
計	29	40	69	24	28	50

　紛議総件数６９件の府県別には、岐阜 9、警視廳（東京）8、兵庫・福岡各 7、大阪 5 など 1 府 22 県に及びます。以下、業務別、原因料品種目別、除害施設の状況、賠償状況、移転・休廃業の状況の分析をしています。

（工場公害紛議の解決への取り組み）

「産業福利」第 6 巻第 5 号（協調会昭和 6 年 5 月発行）では、内務省社会局井口幸一技師が「工場公害問題」という標題で、「工場公害問題は、愈々社会的重大性をいや増に深きを加へ来たのである。」として昭和 2 年から 4 年に至る 3 年間「工場公害紛議の概況」を報告します。

　これによると、工場法適用工場 154（187 件）、非適用工場 8（8 件）。府県別では、東京 22（26 件）、兵庫 21（25 件）、大阪 16（18 件）、広島 10（14 件）、福岡 8（9 件）。業種別では、化学工場 105 件、染織工場 30 件、機械及器具工場 23 件、飲食物工場 17 件。原因別では、廃液 77 件、瓦斯蒸気 64 件、粉塵 48 件、其他 6 件、計 195 件と報告します。そして、結末として、設備改造 75、被害地の賠償 43、設備改造及被害地賠償 33、その他紛議立消 7、工場移転 7 などの報告をします(59-66 頁)。

　大阪府では、ボイラーから排出される煤煙が社会問題となり、明治 35（1902）年 12 月府議会から煤煙防止に関する意見書が知事に建議され、曲折を経て、昭和 7（1932）年 6 月 3 日「煤煙防止規則」の制定をみています。

図は、賀川豊彦「空中制服」改造社
　大正 11 年賀川豊彦全集第 15 巻　66 頁
　　同書刊行会編集キリスト新聞社

小山仁示編「大阪の公害問題資料」
　昭和 48 年 6 月 10 日ミネルヴァ書房
　　139 頁　資料番号 62 には、
　「大阪朝日新聞」1932 年 5 月 6 日付朝刊に
　"珍らしいお役人　煤煙監視官二名を任命す"
　との記事があります。

戦後編さんされた「厚生省五十年史（記述編）」（昭和 63 年発行）には、「「工場法」は、その大部分が工場労働者の保護に関するものであり、一部に公益保護のための条項があったが、林立する煙突から排出される黒煙を街の繁栄の象徴とみる風潮が強かった当時においては、公害規制という面は弱かった。」と記します（1149 頁）。厚生省が誕生したのは、昭和 13 年ですが、「昭和十三年工場監督年報（第二十三回）」（厚生省労働局編纂昭和 15 年 3 月 31 日発行）には、「第十二章　工場公害」の章があります。そこには、昭和 6 年から 13 年に至る毎年の「工場公害紛議状況調」が、廃水、ガス蒸気、粉塵、其の他に分けられ、解決・未解決の状況が示されています。府県の工場監督官は少なからずの公害紛議を処理していたことがわかります。

　大阪府工場課長、警視庁工場課長を歴任した矢野兼三の著書「工場風景」（東京一番館印刷所出版部昭和 6 年 9 月 20 日発行）には、大阪の工場の改善例に、「工場から出す悪臭、廃液それから音響などで近隣が害を受ける所謂公害問題は僕等は常に尻を持って来られて閉口してゐるところである。固より工場は近隣の生活を脅かしたり損害を及ぼしたりすることは絶対に避けなければならぬ。殊に現代斯くの如き公害を除去すべき所謂除外設備を完全に設けずしてこの大都市の内及附近に建てるといふことは出来得べきことではない。」と記しています(312-313 頁)。

　埼玉県の小田五郎兵衛工場監督官の著書「工場法解説」（山本印刷所昭和 7 年 7 月 22 日発行）には、「〔工場危害予防及衛生規則〕第三十五条で『地方長官は前各条に定むるもののほか工場及附属建設物並設備が危害を生じ又は衛生風紀其の他公益を害する虞ありと認むるときは予防または除害の為め必要なる事項を工業主に命ずることを得』ることにしてある。この規定は言うまでもなく工場に適用されるものではあるが、他の条文とは異なり労働者保護の外、公益上の必要なる事項も命ずることが出来得ることが此の条文の趣を異にして居る處である。例へばセメント工場の粉塵、有害の廃液等の如く地方民との間の紛議を生ずるが如き場合に適当なる設備を命ずることを得るのである」とあります(258-259 頁)。

　小山仁示編「戦前昭和期大阪の公害問題資料」（昭和 48 年 6 月 10 日ミネルヴァ書房）は、新聞記事を含む公私の機関発表資料を渉猟された資料集であるが、ここには大阪府工場課長（工場監督官）藤野英陽「煤煙を防止せよ」(72-75 頁)を始め、工場監督官が公害防止、公害紛争の解決に取り組んでいる具体的な姿が見られます。

　近年の研究では、「彼ら〔工場監督官〕は、すでに 1910 年代後半〔1916 年に工場法施行〕から想像を絶する劣悪な作業環境のもとにあった各地の工場現場に入って、いろいろな防除対策を個別に指導・実施していたが、26 〜 7 (昭和元〜 2) 年ごろ以降は「工場公害防止」の観点を明確にして本格的な調査を重ね、個別事件への対処とともに、汚染防止のための基礎的な技術研究に従事し始めた。その成果は毎年刊行された『工場監督年報』と産業福利協会刊行の雑誌『産業福利』などに掲載されていった。」、「公害防止に関する彼らの調査と技術的な研究は、いま改めて検討・評価されなければならない。」（「公害・環境問題史を学人のために」小田康徳編 2008 年世界思想社 42 〜 43 頁）と評価されています。〔編者小田教授は、「戦前昭和期大阪の公害問題資料」の分担研究者でもあります。〕

（戦時下の公害防止）
　昭和 16 年 1 月 14 日工場監督官が労務監督官に名称変更（後述第Ⅳ章(13)）されるにとも

ない、労務からは遠い公害問題の処理はどうなったのか心配になるところです。地方の工場監督官は、もちろん、地方住民からの問題提起に対応していたでしょう。しかし、工場公害問題をとりまとめ、「工場監督年報」に集約する業務を遂行する中央のセンターはどうなっていったのでしょうか。

「労働時報」昭和 16 年 1 月号には、産業報国運動についての記事があり、ここに「大日本産業報国会中央本部事務局規程」があり、労務局安全部の事務に「一危害防止其ノ他安全運動ニ関スル事項　二公害防止ニ関スル事項」があります（13 頁）。当時、産業界では昭和 13 年の 7 月に労使協調を旨とする産業報国連盟が生まれ、昭和 15 年 11 月には大日本産業報国会に発展し、太平洋戦争開戦の昭和 16 年末の工場における会員数は 4,285,519 人に達しています。

「昭和 17 年版産報年鑑」（野田経済研究所昭和 17 年 3 月 31 日発行 NDL）によれば、大日本産業報国会の昭和 16 年度の歳入合計 4,806,044 円、うち国庫補助金 2,200,000 円、46 ％の半官半民の団体です。歳出には、熱管理費 15,770 円（汽缶士養成費、調査費、汽缶祭費、実地指導費）、安全指導費 84,160 円（安全委員会費、講師派遣費、安全週間費、安全大会並展覧会費、安全普及費、安全運動用品供給費、映画製作並映画班派遣費、工場災害予防調査費、安全考案奨励費）、産業衛生指導費 23,000 円〔内訳は省略〕、その他の項にも産業安全衛生にかかわる費目が散見されますが、公害防止を直接表現する費目は見当たりません。他の費目の中に埋没しているのかもわかりません。ここからは、太平洋戦争に突入した昭和 16 年度であっても職場の安全衛生活動は推進されていたことは言えるでしょう。戦時生産力の重要な要素である“労働力の保全”のため安全衛生は重視されていることがわかります。

「昭和 18 年版産報年鑑」（野田経済研究所昭和 17 年 12 月 21 日発行 NDL）によれば、昭和 17 年度の歳入合計 3,286,854 円、うち国庫補助金 2,200,000 円、67 ％。歳出には、熱管理費 15,770 円、安全指導費 84,160 円、産業衛生指導費 77,810 円、この年度も公害防止を直接表現する費目は見当たりません。

「資料日本現代史 7 産業報国運動」（神田文人編㈱大月書店 1981 年発行）資料 123 会則改正によれば、「中央本部事務局規程」のうち労務局安全部は廃止され、技能部「七危害防止其ノ他安全運動ニ関スル事項　八公害防止ニ関スル事項」に業務が移されています（305 頁）。同資料 172「中央本部昭和 18 年度活動概要」（一九四四・二）は、「第二運動概要六 3 熱管理指導　汽缶士養成講習会、汽缶祭、汽缶士読本改訂　4 安全指導　安全週間、安全管理者大会　7 産業保健指導」、「七指導事業 3 熱管理指導」の次に「4 安全指導　産業災害ノ絶滅ヲ期シ、〔中略〕決戦下昭和十八年度ノ安全週間ハ特ニ「戦力増強」ノ句ヲ冠シ、六月一日ヨリ一週間全国一斉ニ実施セラレタリ。」（458-9 頁）また、資料 173 には「勤労昂揚方策要綱（昭和 19 年 3 月 18 日閣議決定）七勤労衛生の刷新（五）過労、工業中毒、職業性特異疾患に関し総合科学的研究を行ひ之が特段の防止対策を講ずること」（174頁）といったように、戦時下であっても労働災害の防止に努めていることはわかります。

　このように見てきますと、工場監督官が労務監督官に名称変更されたのちに、「昭和十三年工場監督年報」「第十二章　工場公害」にありますような、データを取りまとめるといった中央のセンターは戦時下ではなくなったのかも知れません。

　太平洋戦争下、史料の現存する東京都（府）下を管轄する警視庁「勤労行政概況」によ

れば、「従来工場及設備に関しては許可制を採用せるも之を届出主義に改め特に公害予防公安保持上必要なるものに為しそのため従来許可件数月平均一、二九一件ありしを現在に於ては僅に月平均二一件に減少したり」し、工場設備行政を簡素化しています（「日本労働運動史料第 9 巻」354 頁、原文はカナ表記）。しかし、昭和 18 年 2 月 15 日、主管である労政課の業務分掌〔原文は機構〕を改めるに際し、監督係安全主任の分掌に「工場事業場災害及公害予防に関すること」、同係設備主任の分掌に「工場公害及災害取締規則施行に関すること」を入れるのを忘れてはいません（同前史料 363 頁）。また、同年 7 月警視廳令工場取締規則を廃止した際、新たに「工場公害及災害取締規則」を制定したこと（施行は 8 月 1 日、同前史料 369 頁）からして、戦時下であっても、公害防止は府県の工場法行政が責任を担っているという自覚の現れです。このことは、警視庁に限らず、全国の府県でも同様であったと考えられます。

　法政大学後藤彌彦教授は、研究論文「戦前東京における公害規制と工場公害及災害取締規則」（「自治研究」80 巻 12 号、平成 16 年 12 月 10 日、第一法規）に、「昭和二四年の東京都公害防止条例は、単に戦後の民主主義と地方自治の産物ではなく、戦前から脈々と続き、整備発展してきた工場取締規則とその集大成としての工場公害及災害取締規則に大きく依存している。この点から同規則について再評価する必要があると考える。」とむすばれています。ここに「戦前から脈々と続き、整備発展してきた工場取締規則」言われているのは、工場法の下位規範として発展してきたものです。なお、「工場公害及災害取締規則」は、市政専門図書館（東京都千代田区日比谷公園市政会館）「公害防止関係法令資料（都市問題第 51 巻第 5 号別冊附録）」（OAZ － 730）から入手しました。

　昭和 12 年発行の「警察実務教科書第五巻（保安警察篇其二）」（昭和 12 年 2 月 27 日警視庁内財団法人自警会発行 NDL）は、〔工場法の〕「適用工場の職工は工場関係法令並に工場危害予防及衛生規則があるため其の身体の保護福祉増進に付ては先ず遺憾がない。之に反し工場設備より生ずる公害並に災害の予防に付ては、何等の中央法令が存しないのみならず、之等に関し非適用工場をも必要があるので本規則〔工場取締規則、警視廳昭和 4 年 10 月廳令第三五号〕が生れたのである。」（217 頁、アンダーラインは著者）と解説します。前述した「厚生省五十年史（記述編）」がいう「「工場法」は、その大部分が工場労働者の保護に関するものであり、一部に公益保護のための条項があったが、林立する煙突から排出される黒煙を街の繁栄の象徴とみる風潮が強かった当時においては、公害規制という面は弱かった。」、「内務行政は、いわば監督行政としての色彩が濃厚であり、受身に真にやむを得ないものだけをとりあげる建前であり、各種施策そのものはつとめて地方に任せるというのが一般の態度であった。」と述べる「内務省史」（「内務省史」第 3 巻第八章社会行政・第三節大正中期の社会行政・一時勢の変転と社会行政の転換 363 頁、昭和 46 年 6 月 1 日大霞会発行）と相まって、戦前の工場法による公害防止は、府県の工場法行政が責任をもって担ってきたと言えます。「労働行政史第一巻」は、「戦前における労働行政の変遷を収めたもの」（5 頁）ですが、労働者保護の叙述に終始し公害防止についての言及は見当たりません。

（労働基準法による公害防止）

　戦後制定された労働基準法は、適用対象を工場からすべての事業場に拡大し、労働基準監督機関を設けましたが、その任務は、個別的労使関係、労働条件の基準の維持向上に集

中され、工場公害防止は職務として承継されることはありませんでした。

（環境庁発足）

昭和 46 年 7 月 1 日、工場を含む公害防止の中央のセンターとして環境庁が発足します。昭和 22 年工場法廃止から 24 年後のことです。戦後、草創期の公害行政に携わられた橋本道夫の「私史環境行政」（1988（昭和 63 年）4 月 10 日朝日新聞社）によると、「厚生省は、すでに昭和二十八年度に、全国の大気汚染、水質汚濁、騒音、振動という公害の事件数と被害人口規模の調査を行い、次いで、昭和二十九年度に日本公衆衛生協会に生活環境汚染防止基準について諮問し、その答申を基礎として昭和三十年に生活環境汚染防止基準法案を国会に提出しようとしたが、国の関係各省、地方公共団体、産業経済界のすべてから時期尚早として猛反対を受け、陽の目をみなかった。」（44-45 頁）とのことです。

（7） 屋外労働者の保護へ

　　　　　　　　　　　　　－昭和 6(1931)年労働者災害扶助法・同責任保険法
　　　　　　　　　　　　　　昭和 9(1934)年土石採取場安全及衛生規則
　　　　　　　　　　　　　　昭和 12(1937)年土木建築工事場安全及衛生規則

（屋外労働者 "怪我と弁当は自分持ち" から労働者災害扶助へ）

大正 5 (1916) 年施行の工場法の扶助規定から大正 11 年に健康保険法が生まれ、昭和 2 (1927) 年 1 月 1 日から施行されたことは、第Ⅳ章(3)職工の扶助から健康保険法へに述べました。これでもって工場で働く職工の労働災害に対する補償は一段落しますが、工場以外のいっそう危険度が高いといえる屋外で働く労働者、土木建築、運送、貨物取扱業などの労働者の労働災害に対する補償はどうなっていたのでしょうか。温情ある使用者は自己の費用で補償し、費用と時間をいとわない労働者（又は遺家族）は法廷で民法上の権利を主張したでしょうが、おおかたは "怪我と弁当は自分持ち" の状況でした。

ここに生まれたのが、昭和 6 (1931) 年 4 月 2 日公布の労働者災害扶助法とこれを担保しようとする労働者災害扶助責任保険法でした。両法は、翌昭和 7 年 1 月 1 日に施行されます。「官報」NDL の公布日を検索すれば、その内容を見ることができます。

（屋外労働者の労働災害扶助の概要）

官報昭和 6 年 6 月 17 日と 24 日号には、「雑報」として「労働者災害扶助法及び労働者災害扶助責任保険法について」内務省社会局労働部監督課の解説があります。以下に、労働者災害扶助法を略出します。

```
1　適用範囲
　1土石砂鉱採取業
　　動力・火薬、地下作業といった危険な事業又は常時10人以上労働者を使用するもの
　2土木建築工事
　　（イ）公共団体直営工事
　　（ロ）運輸・水道・電気・ガス事業者の直営工事
　　（ハ）勅令で定めるもの
　3交通及び運輸事業
　　鉄道・軌道・索道、路線自動車事業
　4貨物の積卸の事業
　　船舶・岸壁等、工場・土石採取場等で重機を使い
　　又は常時10人以上労働者を使用するもの
2　扶助責任者
　　事業主（土木建築工事においては元請負人）
3　扶助原因
　　業務上の負傷疾病又は死亡
　　業務上とは、業務と死傷病との間に相当因果関係が存するということ
4　扶助内容
　　1　療養の扶助
　　2　休業扶助料（1日につき標準賃金の百分の六十以上）
　　3　障害扶助料
　　　（第一級〜第十四級、最高は標準賃金の540日分以上、最低は20日分以上）
　　4　遺族扶助料（標準賃金の540日分以上）
　　5　葬祭料（標準賃金の30日分以上）
　　6　打切扶助料（1年経過後、標準賃金の540日分以上）
　　　標準賃金は、事故前90日の賃金を90分した平均収入を原則とする
```

　労働者災害扶助法を担保する労働者災害扶助責任保険法は、政府管掌であって、施行当初は上記2土木建築工事(ハ)勅令で定めるものが強制適用とされました。

　これによると、

　(1)使用労働者延べ千人以上

　(2)請負金額一万円以上

　(3)火薬類・動力運転機械を用いる使用労働者延べ300人以上

　(4)地上10m以上・地下3m以上の作業で延べ使用労働者300人以上

といったように　一定以上の規模の工事が強制適用とされました。

　両法の施行令、施行規則は、同年11月28日に保険料率の告示とともに公布されました。

　ここには、「身体障害等級及障害扶助料表」（第一級〜第十四級）、「労働者死傷病報告」（休業8日以上とそれ以外の月報）など、今日に続く重要な事項が定められました。今日の「労働者災害補償保険法」の基礎は、ここに確立されたと言えるでしょう。

（屋外労働者の労働災害の実態）

　両法の施行は屋外で働く労働者の労働災害の実態を明らかにし、その防止にも寄与します。施行二年後、昭和 9 年 6 月、内務省社会局労働部は「昭和 7 年労働者災害扶助年報」を公表します。

　これによりますと、

事業者数	8,160
1 土石砂鉱採取業	1,797
2 土木建築工事	1,110 （請負工事に従事する者を除く。）
3 交通及び運輸事業	3,681
4 貨物の積卸の事業	1,572
労働者数	321,961 うち女 24,728 （7.7 ％）
1 土石砂鉱採取業	17,980
2 土木建築工事	142,789 （請負工事に従事する者を除く。）
3 交通及び運輸事業	99,280
4 貨物の積卸の事業	61,912

となっています (5 頁)。

　その総括「適用事業に於ける災害」は、

　　　罹災総人員　20,677、内死亡 630、重傷（休業 8 日以上）　9,484、軽傷 10,563

とあります。

「工場災害に於ける（昭和六年中）死亡者 315 名、重傷 9,404 名に対し、扶助法適用事業に於いては死亡者は二倍、重傷も少し多く又罹災総人員 35,207 名に対し、死亡及重傷者の割合は工場では 23 ％になって居るが労働者災害扶助法適用事業に在りては實に 49 ％に達してゐる。」と屋外労働の危険度の高さを明らかにします (11 頁)。

（「土石採取場安全及衛生規則」、「土木建築工事場安全及衛生規則」）

　扶助法の施行によって得られたデータをもとに、扶助法第 5 条「行政官庁は命令の定むる所に依り事業の行はるる場所に於ける危害の防止又は衛生に関し必要なる事項を事業主又は労働者に命ずることを得」を法律上の根拠として、昭和 9 年 5 月 3 日「土石採取場安全及衛生規則」、12 年 9 月 30 日「土木建築工事場安全及衛生規則」が生み出されます。両規則は、戦後、労働基準法下の「労働安全衛生規則」に継承発展され、今日に至っています。

図は、小冊子「工事安全讀本（建築の巻）」（日本土木建築請負業聯合會昭和 10 年 10 月 15 日発行）の一コマ。

(8) 就業規則準則 (モデル就業規則)

－大正15(1926)年7月8日大阪府布達 (例規)
昭和12(1937)年4月19日大阪府通達

(就業規則届出の始まり)

　労働基準法は、「常時10人以上の労働者を使用する使用者は、就業規則を作成し、行政官庁〔労働基準監督署〕に届け出なければならない。」と定めています(第89条)。労働基準法の前身である工場法は、施行当初このような定めはありませんでした。大正15(1926)年の施行令改正により、「常時50人以上の職工を使用する工場の工業主は遅滞なく就業規則を作成し之を地方長官(知事)に届出づべし」と定めます(工場法施行令第27条の4)。〔この時の改正には、工場法適用範囲の拡張、扶助に関する規定の改正、職工の雇入および解雇、罰則についての改正もありますが省略します (「労働行政史第一巻」214〜224頁参照)。〕

　このことにつき、当時工場法を担当する内務省社会局吉阪俊蔵監督課長は、その著「改正工場法論」(昭和元年12月30日大東出版社)に「就業規則には雇入解雇の条件、労働時間、休日、賃金、賞罰、其他重要なる多数の事項を包含するに拘わらず殆ど雇主の一方的意思に依って制定せられるものである。之がために就業規則の記載事項に関して縷々〔絶え間なく〕労資の紛議を生ずるのであるが又往々にして法令の規定に違反し或は公の秩序善良の風俗に反する規定も少なくない。茲に於いて改正施行令は新たに就業規則に関する規定を追加し行政官庁の監督に服せしむることとした。」と説明します(218-9頁)。

(就業規則に定めるべき事項)

　工場法施行令第27条の4が就業規則に定めるべきとしている事項は次の通りです。
　一　始業終業の時刻、休憩時間、休日及職工を二組以上に分て交替に就業せしむるときは就業時転換に関する事項〔→労働基準法第89条第1号〕
　二　賃金支払の方法及時期に関する事項〔→労働基準法同条第2号〕
　三　職工に食費其の他負担を為さしむるときは之に関する事項〔→労働基準法同条第5号〕

四　制裁を定あるときは之に関する事項〔→労働基準法同条第9号〕
　五　解雇に関する事項〔→労働基準法同条第3号〕
　地方長官必要と認むるときは就業規則の変更を命ずることを得〔→労働基準法第92条第2項〕

　今日の労働基準法の就業規則に関する規定は、工場法のそれを引き継いでいます。

(モデル就業規則の始まり)

　この改正法令は大正15年6月7日公布、7月1日施行です(勅令152・153)。
　大阪府にあってはこれに呼応し、同年7月8日、「工業主の作成届出づべき就業規則の参考案」として例規〔法令の解釈、取扱いについての先例となる規則〕を示します。今日、法令用紙販売所などで販売しているモデル就業規則です。通達本文は以下の通りです〔原文カナ表記ですが、かなに改めました〕。全文は、大阪府公文書館にて閲覧できます (簿冊KA－0019－1

0000295018　標題：工場に関する例規　25・27）。この例規は改正法令の施行に際し、内務省社会局労働部が発出した施行通達にて指示された「就業規則の参考案」に準拠したものです（内務省社会局労働部「工場法規改正の要旨」工業教育会出版部NDL、大正15年9月15日発行191-203頁）。

例規

　工第四一七一號

　大正十五年七月八日

　　　　大阪府警察部長

　各警察署長殿

　　五十人以上職工使用工場主の作成届出づべき就業規則に関する件

工場法施行令第二十七條の四に依り常時五十人以上の使用する工業主の作成届出づべき

就業規則の参考案別紙の通決定致候條

貴部内該当工業主よりの右届出は可　成該参考案に準じ之を作成せしむる様取計はるべし
（なるべく）

就業規則参考案〔全文60條。以下は、要点を記します。〕

第一章　総則

　第一條　本則は職工傭入の際之を交付し且工場内に掲示す

　　　　（職工は傭入に際し本規則書の受領証を提出するを要す）

　第二條　本規則を改正するに際しては工場委員会に諮り其意見を聴取したる上之を制

　　定す

　第三條　職工の扶助規則、共済会規約、工場委員規則、貯蓄金規則、解雇手当規則に

　　しては別に之を定め公示す

　第四條　職工の種類及び所属・・・以下省略

　第五條　職工の資格・・・

第二章　雇入

　第六條　新に雇い入るる職工は年齢十四歳以上なるか又は義務教育を終了したるもの

　　とす・・・

第三章　入場、退場、欠勤、早出、遅刻、早退

　第十條　職工は午前何時何分までに・・・

　　（註、就業時間は作業場に入りたるときより始まり退出に終わるものとす・・・）

第四章　就業時間、休憩、休日

　第十七條　就業時間は、・・・

　第十八條　仕事の都合により定時間外、早出、残業、若くは呼出を命じ休日に出勤を

　　ずることあるべし此場合に於ては第五章に定める手当を支給す

　第十九條　休憩時間は左の如し

　　　　　午前九時より十五分　正午より三十分　午後三時より十五分

　　　　　残業のときは午後六時より四十分

　第二十一條　休日は左の如し・・・

　　　　一　日曜日　二　大祭、祝日　三　年末年始（日数は毎年之を定む）

第五章　賃金

　第二十三條　賃金は日給及出来高給の二種とす

　第二十五條　早出、残業、時間外呼出等定時間以外の就業に対しては時間割給料の何

　　分増として午後九時より午前六時に亘る期間に当たるときは何割増しとす

　　　　此点は（註割増支給は大体方針として二割五分、深夜につきては五割とし、

　　　　公表せざること、臨時休業亦同じ）

　第二十七條　工場の都合により臨時休業したるときは賃金の平均賃金の七割を支給す

　第三十一條　賃金、二十五日より十日分迄を十五日に十一日より二十五日分迄を月末

　　に支払う

第六章　職工の負担に関する事項

第七章　貯蓄金

第八章　衛生

　第四十四條　職工に対しては年二回健康診断を行う

第九章　危害防止

第十章　褒賞

第十一章　懲戒

第十二章　解雇

　第五十六條　　（予告期間は二週間）

　第六十條　　　（雇用証明書の交付）

備考　労働組合に加入したるときは解雇す云々の規定は承認し難きは勿論なり

（就業規則参考案の注目点）

（1）就業規則参考案（モデル就業規則）のうち、第二十五條の**割増賃金二割五分**は注目
されるところです。二割五分の割増賃金は戦後、労働基準法でもって実現されたところ
ですが、行政当局は、早くからこのように考えていたことがわかります。

　〔内務省社会局労働部「就業規則の参考案」は、第二十五条早出残業、時間外呼出等定時間以外の就
　業に対しては時間割給料の**二割五分増**として午後九時より午前六時に亘る期間に当るとき**五割増**と
　す（内務省社会局労働部「工場法規改正の要旨」工業教育会出版部大正15年9月15日発行NDL196頁）〕

（2）「**備考　労働組合に加入したるときは解雇す云々の規定は承認し難きは勿論なり**」は、
当時、このような定めをもつ就業規則が現実に存在したことの反映でしょう。

（3）「**第二條　本規則を改正するに際しては工場委員会に諮り其意見を聴取したる上之を
制定す**」は、現行労働基準法の過半数代表者の意見聴取規定につながる手続き規定です。

　　参考案に先立つ、大正10年8月9日「報知新聞」には、"本邦工場委員会制推移"と"
工場委員会制度を採用している主なる工廠会社▲官業の部6▲民業の部12が列挙され、
同月15日には大阪工業会が工場委員会要綱を決議したとの報道があります（「神戸大学新
聞記事文庫」）。

（モデル就業規則の改正－皇国の強調）

　時代の変化により、昭和12(1937)年4月19日、大阪府警察部長発　各警察署長宛、「就業規則準則に関する件」312号「就業規則準則制定に関する件」313号が発出されます。

「就業規則準則に関する件」312号通達

　大正十五年七月八日例規工親第四、一七一號、就業規則の参考案別添の通り改正す

　　追て之が取扱いに関しては特に左記に留意相 成 度（あいなりたし）

　　記

一、休憩、休日の配置に関しては特に疲労回復上有効なる如く按配せしむること

二、二部制または三部制の作業方法を採用せるものに付ては工場法第四條但書及同法

　　第七條第二項の各許可を受け若は工場取締規則第二條の届をなし居るや否やに留意

　　すること

三、出来高給賃金に関しては代表的生産品五種位に付具体的に記入せしめ其の賃率に

　　　変更ありたる場合は都度改正届をなさしむること

四、懲戒解雇に関する規定は抽象的規定を排し且可 成（なるべく）拡張せしめざること

「就業規則準則制定に関する件」

　　今般例規工親第三一二號を以て就業規則の参考案を改正致し候處其の要点たる左記

　　事項に留意し執務上遺憾なきを期せられ度し

　　　追て未作成の工場に対しては速かに作成せしめ既に作成ある向に対しては此の際改

　　正方慫 慂（しようよう）相成度

　　　　　　　　　　記

一、従来各工場より作成届出たる就業規則を通観するに殆ど権利義務の主張に終始し

　　労資協心戮　力（りくりよく）〔力を合わせること〕融合一致の精神に乏しく工場内に於ける自治的規

　　則として甚だ不適当のものあり、依て其の運営並に産業人としての心構えを信條と

　　して冒頭に掲出し真に皇国産業の実を挙げしむべく企図せる点

二、就業時間、休憩時間（特に始業、終業の時刻）休日に関し明示し且つ休憩の始終

　　は合図をなし此の間操業せしめざる点

三、生後一年に達せざる生児を哺育する女子には午前、午後各三十分以内の哺育時間

　　与え且哺育の場所を作業場以外の場所たらしめんとせし点

四、準休日の制を設け、服喪、徴兵検査、簡閲点呼、演習招集、妻出産等の場合は之を

　　欠勤日数に参入せしめざることとなせる点

五、日給並に出来高給に依る賃金を明確ならしめたる点及賃金の計算及支払に関する簿

　　冊を職工別に作成記載せしめ且之が保存期間を明示したる点

六、日光浴、体操、作業転換、休業等の疲労回復、健康増進等所謂工場衛生に関し具体

　　的に規定を設けたる点

七、褒賞を拡張し懲戒の範囲を縮少し且つ十六歳未満の者に対しては原則として訓戒

　　若は譴責に止め以て改過遷善の余地を与えしめたる点

八、職工の停年制を設け情況により延長することを得る規定を設けたる点

九、帰郷旅費の支給及雇用証明書の発給方に関して規定せる点

（本文）

就業規則準則

信條

一、当工場は協心戮力融合一致皇国産業たるの實を挙ぐると共に相互の福祉増進
を期するを念とす

一、皇国に生を享けたるを慶び先ず皇居を遙拝し業を終うれば平和なる家庭人と
して明日の精進への気力を養う

第一章　総則

第二章　雇入

第三章　入場、退場、欠勤、遅刻、早退

第四章　就業時間、休憩、休日

第五章　賃金

第六章　職工の負担に関する

第七章　保健衛生

第八章　危害予防

第九章　褒賞

第十章　懲戒

第十一章　解雇

第五十五條　停年に達したるときは退職せしむ

停年は満　　　歳とし情状により延長することを得

このように大正15年就業規則準則（モデル）から昭和12年準則への変化は、一読してわかりますように、皇国の強調です。

（モデル就業規則改正の背景）

昭和10（1935）年2月18日の帝国議会に端を発する天皇機関説事件で明らかにされた政府の立場〔同年10月15日「我国統治権の主体は天皇にあり」〕、同年中の国体明徴運動、翌年の2.26事件を経た後、昭和12年3月30日、文部省から刊行された書物で明らかにされた「国體の本義」を奉戴したものとみられます。書物「国體の本義」は、「大日本帝国は、萬世一系の天皇皇祖の神勅を奉じて永遠にこれを統治し給ふ。これ、我が萬古不易の國體である。而してこの大義に基づき、一大家族国家として億兆一心聖旨を奉體して、克く忠孝の美徳を発揮する。これ、我が国體の精華とするところである。」からはじまる全文156頁の書です。

この書は、「はじめ三〇万部を作成し全国の学校や官庁に頒布、中等学校入学試験にも出題された。」そうです〔「日本史広辞典」山川出版社811頁〕。このような流れの中での通達です。大正15年のモデルに比べ時代の変化がみられますが、皇国であるがゆえ労働条件をどうのこうのするというところは認められません。改正通達本文上に、「本精神を徹底せしむることは皇国として最も意義あることに付五月上旬を期し各工場主を召集して之が趣旨説明をすると共に準則当日配布するよう計画のこと」と朱書された指示文があります。

戦時下、昭和17年11月1日発行された全国版である「改正工場法疑義解釈」（労働事情研究所発行）に記載されたモデル就業規則には、特段に皇国を強調する文は見当たりません

〔NDL「改正工場法疑義解釈」労働事情研究所発行、「参考のため主務当局の就業規則案を紹介してみよう」（163頁）以下の文参照〕。

　戦後は、皇国産業（人）から平和産業（人）へと帽子を換えて、本文はあまり変わらない形で就業規則は引き継がれたことでしょう。

　最近では、平成30年1月30日、ハラスメントの禁止、副業・兼業に関する規定の新設についての「モデル就業規則」の改正がありました。

（9）　商業労働者の保護へ

－昭和13(1938)年商店法・14年職員健康保険法

（仕着せ別家・暖簾（のれん）分け制度）

　職工（工業労働者）の労働条件を定めた工場法は大正 5(1916)年 9 月 1 日施行されましたが、商店員（商業労働者）は対象外でした。

　工場法施行の翌年、大正 6 年 10 月 14 日発行の「主人と店員との契約　商業家の店則」（店則家憲刊行會編纂・東京市浅草区盛陽堂・全 138 頁）という冊子が手元にあります。ここに、当時の商店員の労働条件を現すものがあると思いますので、要点だけを抜き出し紹介します〔旧字体は現行字体に改めています〕。ここに表れている制度が、「仕着せ別家制度」、「暖簾（のれん）分け制度」と言われるものです。

【商業家の店則例】

第一章店員　第一条　朝は早く起きるべし、夜は就眠時間と共に休眠すべく

第三章年期奉公（小僧）

　第一条　年齢十三四歳より契約する小僧の年期は之を八ヶ年とす

　第二条　年期中は凡て仕着せ制度を採り四季の衣類理髪履物等其他一切の身の回りは
　　　　　主人に於て支給す。

　第三条　年期小僧には最初の一二年は給料を与えざるべし。尤も満二年後に至り店務に
　　　　　馴れて益々忠実に精勤の見込みあるものには主人に於て分合い及び給料の意味に
　　　　　於て積立金を為し置き他日本人に交付すべし。

　第四条　目出たく年期奉公を了りたるものには最初契約に基く金員及び精勤振りにより
　　　　　て賞与金を贈り、尚ほ本人に於て将来奮闘の見込みあれば物資を融通して開店せ

しめ支店同様（別家）の取扱ひをなさしむべし。
第六章　休暇及び慰労　第一条　定期休暇は、正月と盆の二回とす、臨時休暇は、隔月に
　　　一回づつ及び天長節、其の他公衆一般の休日に之を行ふ

〔参考例〕
　伊藤萬商店　明治32年1月店則（本店）
　　商務時間　　午前6時より午後10時
　　休暇〔休日〕　1月1日、同3日、4月3日、7月16日、同17日、11月3日
　　雇用　　　　年齢14歳以上　小学校高等科卒業者
　　年期　　　　10ヶ年、別家通勤3ヶ年
　　給料　　　　丁稚1等以下無給
　　別家　　　　満10ヶ年精勤した者、家具料100円〜200円贈与、妻を娶らしめ独立の
　　　　　　　　生計を営しめる。別家後3年通勤すれば退店を許し独立させる。
　　　　　（資料　宮本又次編　大阪の研究第一巻　昭和 42 年　清文堂書店　263-296 頁
　　　　　　　梅渓昇「近代大阪における繊維商社の発展−伊藤萬商店の場合」）

（「商店法の制定」へ）

　大正 8 (1919) 年に神戸川崎造船所を始まりとして 8 時間労働制問題が突発し、これを当
年の「工場監督年報」は、「第 1 回国際労働会議等の大なる渉外的刺激に因る所多かりし」
と報告しました。渉外的刺激は続き、大正 10(1921)年第 3 回 ILO 総会において商業の週休
制に関する勧告が採択され、昭和 2(1927)年第 10 回総会において工業労働者以外の一切の
労働者の労働時間規律につき考究が提案され、同 5(1930)年第 14 回総会では商業及び事務
所の就業時間規律に関する条約案が採択されました。

　昭和 5(1930)年第 14 回 ILO 総会において、日本国政府代表(吉阪俊蔵)は、「民衆の積年
の伝統、習俗及び慣習が社会生活に深く根を下ろし、一片の法令を以て一朝に之を変更す
ることを得ない」、「充分なる調査が完成せられざる限り、吾々は八時間労働制の採用に同
意しえないと述べた。」とあります(井上貞蔵「新訂商店法論」厳松堂書店・昭和 12 年 3 月 15 日 127
〜 128 頁)。「民衆の積年の伝統、習俗及び慣習」というものは、仕着せ別家・暖簾分け制度
を念頭に置いていると思われます。

　戦後編まれた労働行政史（「労働行政史第一巻」昭和 36 年発行）が、「商店使用人の保護に関
する法規制定の必要なことは、当局においてもつとにこれをみとめ、大正一二年頃より調
査研究に着手したのであるが、商店法制定の要望が世論となるに至ったのは昭和六年頃で
あった。即ち、六年四月には東京呉服商組合から九十有余の団体の賛成をえて内務大臣宛
に「商店営業時間短縮ノ法規制定ニ関スル陳情」があったが、その理由書は次のとおりで
ある。「現在都会地一般商店ノ営業時間一定セズ早朝ヨリ深夜十二時或ハ之ヲ過グル事ヲ
普通トス之ガ為メ従業員徒ラニ疲労シテ保健上頗ル悪影響ヲ来タシツツアルノミナラズ修
養ノ余暇スラ皆無ノ状態ニシテ営業能率ノ低下ヲ招来スル事多大ナリ・・・現下ノ実情ニ
鑑ミレバ一般終業時間ハ午後十時ヲ以テ最モ適当ト認メラル」(664-665 頁) と述べます。こ
のことを、戦前の内務省社会局労働部にあって大正 14 年 11 月の同局創設時から昭和 13
年 1 月新設の厚生省に吸収されるまでの間勤務(昭和 4 年から監督課長) された北岡寿逸

が「労働行政史余録・旧社会局の思い出」(7-8 頁)で次のように語られています。「我国の労働立法は労働者は無関心、事業主は反対、官僚だけが熱意あるもので、外国に見るが如く、労働者保護立法は進歩的事業主の提案によるという労働立法の原則は行われなかった。これに例外をなしたものが一つある。それは商店法であって、昭和五年末より六年にかけて東京呉服商組合の組合長森浜三郎氏は、法律による商店の午後十時閉店制を提唱し、都下九十有余の同業団体の賛成を得て、この趣旨の法律を政府に建議した」(7 頁)。

　建議を受けて、法律案を審議した第 73 帝国議会の議論では、年齢制限がなく、開店時間の制限がない等微温的であるとの疑問の声がありました。これに対し、木戸幸一厚生大臣は、今日の商店の実際の状況を斟酌して、此の際は適当と考え提案したと答弁しました（衆議院議事速記録「官報号外」昭和 13 年 2 月 27 日 435 頁）。貴族院では、成田一郎厚生省労働局長が「〔小学校卒業生が〕軍需工業方面に行くことを希望するする少年が非常に激増して居るやうな状況であるに反しまして、商店の方に希望する、店員になる希望の者は段々減って行って居ると云う状況が統計其の他からも明かなのであります、殊に今申しました状況は今回の事変〔支那事変のこと〕が起りましてから、一層其の傾向が著しいというやうなことを聞いて居るのであります。」、「暖簾分（のれんわけ）の方法というものが段々に減って参りまして、最近に於きましては非常に少くなって居るように承知を致すのであります、〔中略〕住込給料制度と申しますか、主人の家には住込んで居りますけれども、月給を貰ふと云うやうなことが行はれて居ります」と述べています（貴族院社会事業法案特別委員会　議事速記録第四部一九類第 1 号昭和 13 年 3 月 16 日 3 頁）。

　商都大阪市も同様の報告をしています。「本市の代表的商店である呉服店につき調査した結果をについてみるも、六二五の呉服店において暖簾分けを享けた店員がこれまで僅かに二五三人で、調査時の使用店員に対してすら五・三％に過ぎなかった事実は」、「今日尚ほ該制度がその形骸を残しているか否か示しているに過ぎない」（大阪市社会部「規模の大小より観たる本市商工業労働事情」昭和 12 年 1 月 30 日社会部報告 215 号(12 頁)。

　昭和 12 年 1 月 1 日から 6 月 18 日まで朝日新聞紙上で連載された小説「路傍の石」には、呉服店で働く主人公吾一を通して丁稚小僧の姿が見られます〔この書は、今日も新潮文庫に収録〕。作者山本有三も呉服店を営む父の意向に従って、明治 35 (1902) 年高等小学校を卒業後、浅草の呉服店に奉公に出たが翌年 3 月には逃げ帰った経験をしています。小説は、「吾一が藪入りで帰った翌日は、日本国にとって、記念すべき重大な日であった。〔中略〕この日はわが国は欧米の列強と対等の条約を結んだのであった。」（新潮文庫版 225 頁）とあるところから、明治 44 年のことであり、同年は工場法の公布の年でもある。小説に、「ごはんの前後には、主人のへやの前の板のまにてをついて、「いただきます。」「ごちそうさま。」というのが、この家のしきたりだが、(今でもこういう習慣の残っている家は、まだかなりあると思う)」と括弧書きがあります(187 頁)。ここにいう今は昭和 12 年のことです。

　ともかくも、商店法は昭和 13 (1938) 年 3 月 26 日公布され、同年 10 月 1 日施行されました。この間、4 月 1 日には国家総動員法が公布、5 月 5 日施行され、戦時に入りました。

（商店法の内容）

　厚生省労働局によって、PR用の昭和13年3月「商店法の説明」という小冊子（全文21頁）が刊行されています。以下に、この説明の要点を抜き出します。

第一　商店法制定の理由（1-2頁）

　「先ず第一に此の法律が制定せられた理由を申し上げますと、ご承知の通り我が国に於ける労務者の保護に関する法律と致しましては工場法とか、鉱業法とか、主として工場や鉱山に働いて居る者に限られて居りまして、商店に働いて居ります使用人に付ては従来何等の保護法が及んで居なかったのであります。」、「然らば之等商店に働いて居る者の実情はどうかと申しますと、営業時間が制限されて居りませんので、随分遅く迄店に出て居なければならないのでありまして、健康を害ふ者が少くないのであります。」で始まり、その一例として昭和11年徴兵検査の結果が、業種別に示され、商店員の体格が悪いので、その保健衛生の改善を図ることが最も重要な制定理由であるとしています。

　「次に冗長な営業時間を制限しますことは冗費の節約ともなるのでありまして、・・・」とコストダウン効果をあげます。「更に又閉店時間を適当に定めることは社会生活の規律と云ふ点から致しましても望ましいことと考へるのであります。」、「其の最も重なる理由は前にも述べました通り、商店に働いて居る店員の保健衛生の改善を図ると云ふことであります。」と結びます。

第二　商店法制定の経過（2-4頁）

　「商店法の歴史は随分古いのでありまして、当局としては大正十二年頃から調査研究を始め種々の準備を進めたのであります。」（2頁）。「一方民間の団体に於ても昭和五年頃より商店法制定の要望が唱へられ、昭和六年四月には東京の呉服商同業組合が九十余の団体の賛同を得て」賛同書を内務大臣に提出したのを皮切りに、昭和6年3月帝国議会の建議などもあり、同年中に「商店法制定に関する諮問要綱」を当局が立案し、営業者団体の意見聴取もし、調査研究を重ね、最終的には昭和12年5月新要綱案を意見聴取したところ、全国121商工会議所（商工会）中賛成107（88%）を得て、第73帝国　議会の協賛をへて、制定されたとあります（2-4頁）。

第三　商店法の内容（4-9頁）

　　一　適用範囲（第一条、第十七条）

　　　第一条　市及び主務大臣の指定する町村に於て物品販売業又は理容業を営む店舗（物品販売業は小売業・卸売業料理店飲食店を含まず、理容業は理髪・結髪・美容業）

　　二　閉店時刻（第二条、第三条、第四条）

　　　第三条　閉店時刻は午後十時

　　三　休日

　　　第五条　店主は店員に対して毎月少なくとも一回の休日を与えなければならない。

　　四　特殊な場所に於ける閉店時刻及休日

　　五　大商店の就業時間及び休日（第七条、第八条）

　　　常時五十人以上の使用人を使用する大商店については、〔工場法同様〕

　　　女子及び十六歳未満の年少者に対し一日の就業時間を十一時間以内とし、

　　　その間三十分乃至一時間の休憩時間を与えること。

　　　休日も毎月少なくとも二回与えなければならない。

　　六　危害予防及衛生（第九条）

　　　大商店の女子使用人に休憩用椅子を備えつけることを予定。

　　七～十一　略

附録

一　商店法（条文）

二　商店法適用店舗及使用人数調（推定）

三　昭和十一年度ニ於ケル壮丁ノ職業ト体格等位トノ関係調査

四　全国商店街の開閉店時刻及営業時間調べ

　　冬期(12 〜 3 月)は、午前 8 時開店・午後 10 時閉店、15 時間営業が最多

五　都市商店街休日調(昭和 12 年 5 月現在)

　　第一表　休日の有無に関する調査　調査商店数 36,922

　　　休日ヲ与フルモノ　21,189　57 ％

　　　休日ナキモノ　　15,733　43 ％

　　　前出大阪市社会部「規模の大小より観たる本市商工業労働事情」(昭和 12 年 1 月 30 日報告)は、「公休日の有無並に回数を一瞥してみるに、商店・会社・工場とも公休日を設けてゐないところは全然なく少くとも月一回の公休日を設けてゐる。いま公休日をまづ商店についてみるに商店の公休日は勤務時間の場合と同じく住込と通勤とによって異なり、前者の公休日は第一及び第三日曜の月二回が断然多く、後者のそれは月二回のところと週休制のところがほぼ同数に上ってゐる。」とあります(9 頁)。

六〜八　略

小冊子「商店法の説明」

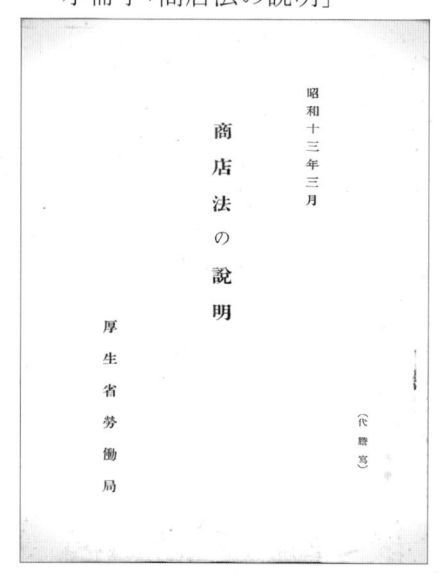

「画像アーカイブス・ジャパンアーカイブス」提供

（商店法の効果）

　　行政当局は、昭和 15 年 1 月 13 日厚生省労働局長通牒に「商店法ハ実施以来商店使用人ノ保健衛生ノ向上並一般社会生活ノ改善ニ相当ノ実績ヲ収メツツ概ネ円滑ニ施行セラレ居候」(「労働行政史第一巻」680 頁「商店ノ閉店時刻繰上ゲニ関スル件」冒頭)。

　　厚生省の外郭団体である財団法人協調会大阪支所昭和 14 年 10 月 6 日発行の「商業社会政策と商店法の効果」という小冊子 (社会問題調査資料 3) を以下に紹介します。

　　冒頭のはしがきには、「事変と共にスタートした戦時経済体制の中で、最も打撃を受けつつあるものは中小商業者であって、物資統制に伴ふ商人排除主義、消費節約の徹底による売上の減少、商業使用人の激減等々事変下中小商業者問題は、複雑多岐を極めたる上に

その解決は頗る難事とされてゐる。〔中略〕本 輯(しゅう)は、主として大阪地方を中心とする関西地方の資料にもとづき、商業労働力、商業使用人事情、商店福利施設等の諸問題をとりあげ、商業社会問題とその所在を明らかにしようとするものである。」とします。

（1）「商店法は商業社会問題に対してなげかけた最初の政策であって、商業社会問題の所在とその重要性を認識させる点にむしろ重要な意義をもってゐる。」（第一章商業社会政策に於ける諸問題、5頁）。

（2）工場法を主担する大阪府工場課によって調査作成された統計が、商店法適用店舗数府下全域では物品販売業 93,077 うち大阪市 84,961（91.3％）、理容業 5,950 うち大阪市 5,417（91.0％）、物品販売業のうち店員なき店舗（店主とその家族のみ）60.1％、理容業 35.5％とする。物品販売業 93,077 うち店員 1-5 人未満が 33.4％、5-10 人未満が 4.5％であることを明らかにします（第二章商店とその従業員、9頁）。

（3）商店員の別家制度について、「商店員になることの理想はいまや将来独立商人たる別家になることではなく、従って商業の見習い、実習といふ丁稚制度の本質はその社会的機能を喪ひ、商業見習人から商業労働者へと転化し、給料賃金労働者への道をたどってゐる。」、「店主は従来の主従関係を維持しつつ、他方別家独立の経済的負担を免れようとする制度（住み込み給料制）を採用してゐる」状況にあるとの認識を示しています（16頁）。

（4）勤務時間は、大阪市商業調査書を引用し、「卸業や会社組織の経営体が十時間以上営業を山としてそれ以上の営業をなすものは急角度に減少してゐるのに対して、小売業では一五時間以上を中心に一四時間以上、一六時間以上営業をなすもの多く」、「そしてこれらの小規模経営に於ては交代制がある筈なく営業時間は同時に勤務時間であり、その最小限度である。」（23-24頁）、「通勤給料制を採用する大商店になると八時間乃至一〇時間勤務のものが最大多数」（24頁）と付記し、「休日なきもの小売業に於て三割五分」、「休日あるもののうち月二回のもの最も多く」（25頁）と記しています（第三章商店に於ける労働事情）。

（5）多くの業者が心配した午後十時閉店による営業上の打撃は、殆どないという客観的根拠が与えられた。打撃を受けたものは歓楽地帯又はその付近の少数の商店や特別の事情ある地域の商店だけである（第五章商店法の効果と商店福利施設、59-60頁）。

（6）店員に及ぼした影響として、最も直接的な効果は、休養時間の増加、睡眠時間の延長であった。店員は閉店後は一日の勤務を終えてただなんとなく休養を楽しみ、時には軽い雑誌を手にとるか、或いは入浴して疲労を洗い落とし、すぐに就寝するのが普通である（62頁）。休日については、大阪商工会議所、小売振興会の調査（商店街 16 商店数 189）によれば月一回休日のもの 94 で最も多く、次いで月二回のもの 86、月三回のもの 7、月四回のもの又は週休のもの 2 としている（63頁）。休日数につき、上記（4）との齟齬は、母数に小規模店舗が多いためと思われる。

（7）商店の福利施設について、大商店、百貨店は比較的よく整備されている（65頁）。所管の大阪府工場課では、福利指導方針を示しています。そのうち、医療施設として、使用人 5 人未満の商店に対し特別国民健康保険組合設置の勧奨が注目されます。これは、商店法案成立に際して商店員に対する疾病保険制度の要望が高まり、翌 14 年に職員健康保険法として結実しましたが、適用対象が使用人 5 人以上を使用する商店等に限られたため、5 人未満の特別国民健康保険組合設置すれば適用可能という、今日いう事務組合制度への加入のことを言っています。

（戦時下の商業労働）

商店法は昭和 13 (1938) 年 3 月 26 日公布、同年 10 月 1 日施行となりはしましたが、4 月 1 日には国家総動員法が公布、5 月 5 日施行され、戦時に入りました。

戦時下では商業労働は軽視され、小学校新規卒業者の軍需工業方面へ優先採用を皮切りに中小商工業者の転廃業が促進され、14 年 4 月米穀配給統制法、15 年 4 月生活必需物資統制令、6 月六大都市での砂糖・マッチの切符制が始まり、16 年 12 月 8 日太平洋戦争開戦に至った後は、17 年 1 月塩の通帳配給制、2 月衣料切符制など経済統制は隅々まで張り巡らされ、商業のウエイトは極限まで低下させられました。

民俗学の巨人宮本常一は、「経済統制が行われるまで、〔暖簾分けについて〕このような組織と慣習が都市を支え、発展させてきたのである。すなわち経済の二重構造といわれるものの下の方の構造は、この古い伝統を受け継いでできているものである。」と述べられる（「生業の歴史／日本民衆史 6」平成 5 年 9 月 30 日未来社 211 頁）。

「仕着せ別家制度」、「暖簾分け制度」といった旧慣は、商家に限らず、大工、左官、鍛冶、木工、染色、その他の高い技能、技術を必要とされる職業に広く行われていたことは、よく知られていたことです〔例えば、「職人衆昔ばなし」（昭和 42 年 1 月 25 日文藝春秋刊）では、東京を中心とした手工芸職人の事例が多数掲載されています。〕

職員健康保険法は、昭和 15 年 6 月 1 日から施行され、府下の強制被保険者 15 年 88,924（事業所 3,316、療養費給付件数 19,918）、16 年 90,294 (3,518、前同件数 85,897)、17 年 80,496 人 (3,550、前同件数 85,578)、その他詳細な報告が「昭和 17 年大阪府警察統計書」にあります（194-197 頁、大阪府公文書館蔵）。そして、職員健康保険法は昭和 17 年に健康保険法に統合されました（2 月 21 日公布）。

（労働基準法への保護の承継）

「厚生省二十年史」（昭和 35 年）は、「同法〔商店法〕は、わが国労働立法として画期的なものであって、その適用対象が必ずしも十分でなく全商店に及ぶものでなかったことや制定の直接の動機はともかく、工場法と並び、現今の労働基準法の先駆として労働者保護に果たした意義は極めて大きい(116 頁)。」と評価します。

「労働行政史第一巻」第三編厚生省時代第一部厚生省第一期時代（自昭和一三年一月至同一六年一二月）第二章労働者保護行政では、その締めくくりに至り、「この時代における労働保護行政は戦時的要請から、いわば停滞状態にあったが、この間にあって一三年八月商店法が制定され、従来保護行政の枠外にあった商店関係労働者の保護が図られたことは特筆すべき事項である。」と評価しています (655 頁)。

（労働基準法による旧慣習の否定）

戦後、労働基準法は、労働者を 1 人でも使用する事業場を適用対象としましたので、商店も適用対象となりました。また、労働基準法は、「一切の封建制を払拭」するとして、長期労働契約を禁じ、1 年以上の労働契約の禁止（第 14 条）を始めとする旧慣習をことごとく否定するところから出発しています。

(10) 一般男子の労働時間の基準

－昭和 14(1939)年 3 月 30 日工場就業時間制限令

（昭和 16 年 6 月 16 日廃止）

（「工場就業時間制限令」の制定） (昭和 14 年 3 月 31 日公布（勅令 127）、5 月 1 日施行)

　工場法は労働条件の重要な要素である労働時間につき、12 歳以上 15 歳未満の者と女子を保護職工として、就業時間は 1 日につき 12 時間、午後 10 時より午前 4 時に至る深夜業を禁止してはいたが、15 歳以上の男子の労働時間については、なんらの基準を設けなかったことについては、本章(4) 八時間労働の発祥の項で述べました。しかし、戦前、一度だけ、男子の労働時間について規制されたことがあります。

　それは、国家総動員法第 6 条の規定に基づく「工場就業時間制限令」によるものです。商店法（昭和 13 年 10 月 1 日施行）による午後 10 時閉店のことについては、本章(9)商業労働者の保護への項で述べました。

　国家総動員法（昭和 13(1938)年 4 月 1 日公布、5 月 5 日施行）は、戦時〔戦時に準じる事変を含む。日中戦争の発端となる盧溝橋事件が昭和 12 年 7 月 7 日発生、9 月 2 日閣議で支那事変とされ、帝国議会で戦時と表明されました〕に国防のため人的・物的資源を統制運用する法律で、その第 6 条は勅令によって従業者の就職、雇入れ、解雇、賃金其の他の従業条件につき必要な命令ができると定めています。勅令は旧憲法のもと、議会に依らず天皇が制定する法のことです。

　国家総動員法公布に先立ち、同年 1 月 11 日、厚生省が内務省から独立し、工場法を含む労働行政は厚生省の所管となり、人的資源を統制運用する役割を担うことになりました。職業紹介法も同日に改正され、これまで市町村営であった職業紹介所が国に移管され、厚生省の直属となりました（施行は 7 月 1 日）。そして、早くも、8 月 24 日には「学校卒業者使用制限令」が公布、即日施行され、明春の鉱・工業学校卒業予定者中の就職希望者約 1 万人に対する厚生省への求人申請数 5 万 5 千人に対する需給調整が始められます（「総動員法の全貌」朝日新聞社昭和 13 年 12 月 30 日 141-2 頁）。そして、翌昭和 14 年 7 月には「昭和十四年度労務動員計画」が誕生し、戦時対策としての本格的な労務動員が始まります。
「工場就業時間制限令」は、工場法の適用をうける工場のうち厚生大臣の指定する工場（軍需品工場・・・機械製造業、船舶車輌製造業、器具製造業、金属品製造業、金属精錬業）に適用され、その内容は、「工業主は <u>16 歳以上の男子職工をして 1 日に付 12 時間を超えて就業せしむる</u>ことを得ず」（第 3 条）、「<u>毎月少なくとも 2 回以上の休日を設け</u>」、「<u>就業時間が 6 時間を超ゆるときは少なくとも 30 分、10 時間を超ゆるときは少なくとも 1 時間の休憩時間を就業時間中に於て設くべし</u>」（第 4 条）を骨子とするものです。昭和 14 年 3 月 31 日公布（勅令 127)され、5 月 1 日施行されます。この勅令と同日、「賃金統制令」（勅令 128）が公布されます。

（「工場就業時間制限令」制定の背景）
「工場就業時間制限令」制定の 2 年前、「昭和 12 年（第 22 回）工場監督年報」（昭和 15 年 3 月 31 日、厚生省労働局編纂発行）は、「事変勃発を見るや急激なる軍需の増加に伴ひ全面的に

生産能力を挙げざるべからざる情勢となり之に対するに労働者の増員、設備の拡張等を行ふことは至急実現至難のみならず、一方労働者中相当応召者を出したる等の事情も加はり自然生産能力補充の為就業時間の延長、休日の廃止を以てこの間に処するもの多数に上り、工場規模の大小を論ぜず軍需品工場に在りては普遍的に相当長時間の操業を行ひたるものありたり。」、「長期に亘る過長労働の継続は労働者をして過労に陥らしめ、生産能率の低下を来し、疾病或は災害を多からしむるの因となり、究極に於いて軍需生産力の損耗を来たすの結果を招来すべき 倶^{おそれ}無しとせず。」とし、厚生省社会局長官は同年 10 月 8 日付「軍需品工場に対する指導方針」通達を発出したと報告しています。通達には、「今時の事変に関し軍需品工場に対しは<u>労働力を維持し生産能率を増進し以て生産力の増加及持久を図る為</u>」と示し、1 日 12 時間労働、月 2 日の休日などの方針が入っています。勅令はこの通達を下敷きにしたものです。

　労働省編「労働行政史第一巻」は、「保護職工を除く一般男子労働者の労働時間については、工場法上何らの規制を行ってはいないが、適正な労働時間を維持することは労働者保護の見地からはもとより、生産増強の上からも重要であった。こうした考え方に立って、この種の指導措置を通じて労働時間の制限を指示していたのであるが、これらの軍需工場における就業時間延長の傾向はその後も一向に衰えず、そのため災害、疾病の増加が一層現れるに至った。当時、厚生省労働局が 13 年 5 月現在で常時職工 50 人以上を使用する機械及び器具工場における労働時間について調査したところによると別表のとおりである。このような実情に鑑み、政府は労働時間の適正化を図るための措置を必要と考え、14 年 3 月 31 日勅令第 127 号をもって工場就業時間制限令を公布し、同年 5 月 1 日から施行するに至った。」と説明しています（845-9 頁）。なお、当時の休日は、工場監督年報によれば、「工場所定の休日としては従来の習慣上毎月第一、第三日曜の月二回とするもの依然多く一日、十五を休日とするもの之に亜^つぎ週休制を採るものの如きは極めて小数なり」とあります（「昭和 13 年工場監督年報（第 23 回）」19 頁、厚生省労働局編纂昭和 15 年 3 月 31 日発行〔NDL にて閲覧できる最終年です〕。

別表　機械及び器具工場における労働時間調査（昭和13年5月）

労働時間 （休憩時間を含む）	工場比率
8時間以下のもの	2. 03%
9時間以下のもの	10. 26%
10時間以下のもの	25. 69%
11時間以下のもの	15. 31%
12時間以下のもの	20. 66%
13時間以下のもの	13. 84%
14時間以下のもの	9. 52%
14時間を超えるもの	1. 71%

「労働行政史第一巻」末尾(1278-1283 頁)所載の"工場労働者労働時間及び就業日数"統計により軍需産業の中核を担う機械器具製造業労働者の月間実就業時間の推移を次表に示します。昭和 8 年に急伸しているのは、満州事変（昭和 6 年 9 月 18 日柳条湖事件を発端とする）による軍需の増加の影響です。昭和 16 年 12 月 8 日、太平洋戦争が始まります。

機械器具製造業労働者の月間実就業時間の推移

元号	年	実就業時間 昭和3年まで作業時間	休憩時間	作業日数	実就業時間 × 日数
大正	12	9.55	0.47	26.1	249.26
	13	9.53	0.46	26.5	252.55
	14	9.50	0.44	26.0	247.00
昭和	1	9.48	0.43	26.3	249.32
	2	9.49	0.45	26.0	246.74
	3	9.46	0.45	25.9	245.01
	4	9.43	0.45	26.0	245.18
	5	9.39	0.44	25.6	240.38
	6	9.38	0.40	25.5	239.19
	7	9.49	0.40	25.8	244.84
	8	10.12	0.44	26.7	270.20
	9	10.13	0.45	26.8	271.48
	10	10.16	0.46	26.8	272.29
	11	10.12	0.45	26.8	271.22
	12	10.19	0.47	27.0	275.13
	13	10.26	0.50	27.2	279.07
	14	10.47	0.51	27.3	**285.83**
	15	10.40	0.51	27.1	**281.84**
	16	10.39	0.52	27.1	**281.57**
	17	10.41	0.54	27.2	**283.15**
	18	10.50	0.54	27.3	**286.65**
	19	11.33	0.55	27.3	**309.31**
	20	11.21	－	－	－

昭和14年からは男、それ以前は区分なし

（「工場就業時間制限令」の施行結果）

「工場就業時間制限令」の施行結果について、「昭和十七年版労働年鑑」（同年 12 月 30 日協調会発行）には、「同令の実施は一年前に比し十二時間以上就業せる労働者の割合を 28.07％より 6.49％へと著減せしめた」（65 頁）。ところが 5 月から 10 月までの 6 月間に例外許可申請届出が全国で 21,597 件あり、その 9 割以上は主として生産拡充によるものである。「違反件数を見るに、同期間中に 1,813 件であって当局も厳罰主義に依らず指導啓蒙に主眼を置いたため、そのうち処罰は 1 件、告発 24 件のみで他は総て戒告の程度であった」、「労務の充分なる充足が行はれざる限り時間制限令はただ度外れた時間延長を抑制するといふ丈けの消極的な意味しか持たないこととなる」（66-67 頁）と述べ、法律による強制の限界を語ります。

　厚生省詰め記者により構成される厚生研究会編著「国民皆労－戦時下の労務動員」（昭和 16 年新紀元社）は、「工場就業時間制限令以後の労働者の就業状況について永野順造氏が

報告する所によれば、従来『所定労働時間終了後残業に移行するのに普通夕食乃至軽い食事をとり得るだけの若干の時間が存在したのであるが、この時間が制限以後は一般に撤廃されて所定時間は直ちに残業時間と連結され労働者は多くの場合一物も口にすることなく午後七時〜七時半まで連続業務に服する』こととなったという有様である。」(133-134 頁)と、現場の実状を記しています。

　研究者である慶應義塾大学藤林敬三教授は、昭和 17 年 11 月 22 日稿了と記されたその著「最適労働時間論」(戦時社会問題叢書「労働論」昭和 18 年 9 月 30 日大同印刷館発行)において、就業時間統計を分析されたうえ、「短労働時間と十二時間以上の長労働時間が漸次減少し、十一ー十二時間の労働が目立って多くなって行ってゐるのは明かに昭和十二年十月以来の政府の時間抑制方策と昭和十四年四月実施の就業時間制限令の結果である、と見られていいであらう。」と評されています (96頁)。

(「工場就業時間制限令」の廃止 (昭和 18 年 6 月 16 日公布))

　昭和 16 年 12 月 6 日太平洋戦が始まり、17 年 6 月ミッドウェー海戦を経て、戦争は転機を迎えました。戦力増強のため、昭和 18 年 1 月 20 日に「生産増強勤労緊急対策要綱」が閣議決定されました。この決定の中に、「現行就業時間関係法規を改正し戦時生産即応の弾力性ある運営を為し得るごとくすること」(第三勤労管理の刷新強化　三就業時間制度の刷新の項) にとあります。同年 3 月 18 日戦時行政特例法が施行され、この法律に基づき 6 月 16 日工場法戦時特例 (勅令 500) が施行され、保護職工 (女子及び 16 歳未満の男子)の就業時間等制限規定を厚生大臣＊の指定する工場は適用除外されることとなりました。同日、「工場就業時間制限令」も廃止されました(勅令 501)。

〔＊その後、昭和 19 年 6 月 9 日勅令 394 により厚生大臣を地方長官 (府県知事) に改正。〕

(「工場就業時間制限令」の波紋－最適労働時間の探究)

　国家総動員法により労務動員された多数の工場労働者につき、当時勤労管理が大いに議論されました。その中で労働時間については、工場就業時間制限令が、真剣な議論を誘発し、最適労働時間の探究がされました。先に紹介しました慶應義塾大学藤林敬三教授「最適労働時間論」(昭和 17 年の著述) は、社会政策からのアプローチですが、その前提知識として、生物としてのヒトからする労働科学からのアプローチがあります。

　暉峻義等 (労働科学研究所長)「生産と労働」(昭和 13 年 9 月 1 日、科学主義工業社刊) "第五章(二)八時間労働制"「労働時間を八時間にすることによって、もっと人間的な生活をしたい、文化的国家の国民として、或は家庭の人として、或は国民の一人として、もっとその国の政治にも関心を持ちたいと云ふ望みから、實はこの八時間労働問題の提唱がなされたのであると私は思ふ。而も此の八時間労働制は欧州に於ては大体目的が達せられた様に考へられるて居るのである。」(129 頁) と説明されたうえ、"第七章戦時体制下に於ける労働力の現状" では、「吾が日本労働科学研究所に於ては、平素の研究に立脚し、時局下労働力の補強対策に邁進する事決定し、所員二十名は昭和十二年九月下旬東京を出発し名古屋、大阪、神戸、中国を経て北九州に工場、鉱山順訪の旅に上り、親しく工場鉱山の現状を視察し」、「此処に巡訪によって得たる印象と記録とを整理して、読者の参考に供したい。」

（214-5 頁）として、当時の状況を報告したうえ、「軍需生産力の拡充には、従業員が常に溌剌として新鮮な態度で勤労することが極めて大切な要件である。この要件を軍需工業全体に確保することは、長期対戦の基調である。この要件の確保には、非生理的、非能率な深夜業を除害した方が、たとへ四時間の損をしても、有利であると思ふのである。」（302 頁）とし、結語として、午前 5 時から午後 11 時までの 18 時間を 9 時間 2 交替実働 8 時間とすることを推奨されています（313-6 頁）。

　桐原葆見博士（労働科学研究所）は、「戦時労務管理」（昭和 17 年 2 月 26 日、労務管理全書第 1 巻東洋書館発行）に「これらの多数の経験並びに事実からして、成人男子の最も有効な労働時間は実働八時間、少なくとも一日十時間以下の就労時間を持って原則とし、二十歳未満の青年及び婦人の労働時間は、一日八時間を以て原則とすることが生産確保の上に有効であると信ずる。もちろん国家的必要からやむを得ざる場合は、成年男子一日十二時間まで、青年及び婦人は一日十時間迄延長することを、短期間に限り許可する方針をとるべきである。」と示されています（167 頁）。

　なお、戦時中の厚生省勤労局管理課「女子勤労管理講習会資料」によれば、「女子に対する至適労働時間は実労働時間八時間、休憩を加えて九時間、残業の止むを得ない場合でも二時間が限度である。日本の繊維工業の経験に徹しても女子の深夜業は避けるべきである。」と当局者も認識していたということがわかります（谷野せつ論文集「婦人工場監督官の記録（下）ドメス出版 1985 年 222 頁）。

（労働基準法の制定）

　昭和 20 年 8 月 15 日終戦。22 年 3 月 27 日、旧憲法下の最後となる帝国議会（第 93 回）において労働基準法が成立しました（公布 4 月 7 日、施行 9 月 1 日）。そして、同法は第 32 条に一日 8 時間労働の原則を確立しました。

　労働基準法の立法資料（「日本立法資料全集別巻 46 労働基準法解説」寺本廣作著、信山社出版昭和 56 年復刻版，）に当時の「八時間労働制に関する調査」データが掲載されています（216-223 頁）。調査期間昭和 21 年 3 月中又は 3 月の最終賃金締切り日前 1 月間、対象 14 都府県 392 事業場（10 人未満規模 74 を含む）。結論は、「調査の時期が終戦後半年後であり産業経済の一般的状況が立法の資料とするに足る適当な安定状態になかったことは認めなければならないが、工業の約七割三分が実質的に八時間労働制をとってゐたことは八時間労働制が実施可能であると認める有力な資料であった。」（223 頁）とあります。

　大正 8(1919) 年 10 月 1 日、神戸川崎造船所で 8 時間労働制が曲りながらも実行されてから 28 年、産業界に 8 時間労働制が受け容れられていたということでしょう。「大正 8 年工場監督年報」によって、「形式上より観察すれば就業時間の短縮というを得えるが、これを実質的に観察する時はいわゆる就業時間の短縮は有名無実にして単に賃金規定の時間的基準を変革したに過ぎざるなり」と評価された 8 時間労働制が昭和 22(1947) 年 9 月 1 日、労働基準法のなかに定着します。

　この労働基準法が施行されてから 70 年を経た今日、政府の「働き方改革」で残業時間の上限検討が始まり、平成 30 年 7 月 6 日に至り「働き方改革を推進するための関係法律の整備に関する法律」が公布されました。

参考
労働基準法

第32条　使用者は、労働者に、休憩時間を除き一日について八時間、一週間について四十八時間を超えて労働させてはならない。

現行第32条　使用者は労働者に、休憩時間を除き一週間について四十時間を超えて、労働させてはならない。②使用者は、一週間の各日については、労働者に、休憩時間を除き一日について八時間を超えて、労働させてはならない。

(11)割増賃金

(割増賃金の沿革)

　所定外労働に対する割増賃金についての観念は江戸の昔からある話で、幕末江戸風俗を集めた「守貞謾稿」には、「手伝人足　京坂にて、土木の雑務を業とするの雇夫也。江戸に云、仕事師と同じ者也。一日雇賃銭皆必ず自食〔弁当持ち〕にて、二百八十文を定めとす。蓋、朝出居残り等にての増銭すること、此一倍或は半倍する也。」、「鳶人足　一日雇賃銭三百文也。朝出等にて、増銭すること準之。」とあります（「守貞謾稿」第一巻朝倉治彦・柏川修一編平成4年9月30日東京堂出版 160-161 頁）。

　定時は、江戸についての考証家三田村鳶魚（1870－1952）が「これは明六ッ半から来て、夕方の七ッ半まで働く。職人一人十時間の仕事です。今の時間だと午前七時から午後五時まで働くわけだ。」と述べています（三田村鳶魚全集第七巻「江戸の生活と風俗」"時刻の話"昭和50年6月25日中央公論社 258 頁）。

　明治36年3月「職工事情」中の鐵工事情では、「日給は工場規則に定められたる一定の労働時間に対し支払はるる處の賃金なるが故に若し此以上の労働をなせる場合には割増賃金を支払ふを常とす」、「三菱造船所に於て居残賃金を計算するに當り終業後より午後十二時までは一時間に対し二割五分の割増をなし又午後十二時より翌日始業時間までは一時間に対し五割の割増をなせる」とあります（「職工事情」新紀元社版第二巻 15 頁）。

　工場法は、割増賃金については定めがなく、当事者の自治にまかされていました。そういったなか、大正8(1919)年神戸川崎造船所において所定八時間労働制が敷かれた当時、既にいくつかの他社工場では所定時間を超える時間外労働につき割増賃金が支払わていたことについては、第Ⅳ章(4)8時間労働の発祥の項に紹介しました。

(モデル就業規則の基準)

　大正15年7月8日、大阪府はモデル就業規則を示すに際し、「割増支給は大体方針として二割五分、深夜については五割」という非公表の基準を示していたことは、先に第Ⅳ章(8)就業規則準則において説明しました。この基準は、内務省社会局労働部「就業規則の参考案」の示すところと同じものでした。

（戦時中の調査にみる歩増率）

　太平洋戦争のさなか、昭和 19(1944) 年に刊行された厚生技師大西清治・軍需技師瀧本忠男著「賃金制度」（昭和 19 年 5 月 5 日、東洋書館発行）に、昭和 16 年の厚生省労働局調査になる"所定終業時間外の歩増"の統計があります（184 ～ 226 頁）。太平洋戦争は同年 12 月 8 日開戦ですから、戦争直前の調査です。8 時間労働制が発祥した大正 8(1919) 年から数えて 20 年余の後の状況となります。

　調査工場数は 3,043、早出残業に対しほとんどすべての工場が〔金額ではなく〕歩増率に依り支給していること、その歩増率を業種別・所定就業時間〔休憩時間を含む拘束時間の意〕別・残業時間別に掲出しています。

　全部の統計を見るのは煩瑣ですので、代表して機械器具工場 1,158 についてみます。

　所定就業時間〔拘束時間〕9・10・11・12 時間とそれぞれですが、これを合わせて、所定就業時間を超える第 1 時間目の歩増率 15.7 ％、2 時間目 17.2 ％、3 時間目 20.9 ％、4 時間目 24.2 ％、5 時間目 29.2 ％、6 時間目 33.0 ％、7 時間目 27.2 ％、8 時間目 43.1 ％、総合計 26.7 ％となっています。同様、紡織工場 749 の総合計は 22.8 ％、化学工場 386 は 23.8 ％、金属工場 308 は 23.6 ％となっています。

　大正 8 年、神戸川崎造船所を先導として広がった所定八時間労働制〔「工場監督年報」いうところの"賃金規定の時間的基準"〕を基準とした歩増率は、広く定着したようです。

　上記大西清治・瀧本忠男著「賃金制度」は、戦中の昭和 19 年に、「従来低日給高残業歩増制による依る長時間労働が如何ばかり労働力を摩耗し災害を増加したであろう。」、「超過労働に対する適正なる報酬として歩増が定められるべきであり、之をもって長時間労働への誘惑を図るやうなことがあってはならない。」と訴えます(78 頁)。

（労働基準法による歩増率の法定）

　戦後、昭和 22(1947) 年 4 月 7 日公布の現行労働基準法は、第 37 条に時間外、休日、深夜の労働に対し、通常の労働時間又は労働日の賃金の計算額の二割五分以上五割以下の範囲内で割増賃金の支払いを使用者に罰則付きで義務づけました。

　労働基準法を立案する前、「草案審議の途中、昭和 21 年 10 月、工業、鉱業、運輸業、商業、事務所等二千五百五事業について調査した割増賃金の統計は次の通りであった。〔表省略〕当時の基本給を全収入の三割五分とすれば、右の統計に依る残業の時間給割増率基本給の六三％は全収入の約二割二分となり、本条第二項の規定によって控除された残りの基礎賃金を全収入の八五％とすればその二割五分は全収入の二割一分となる。多分に不正確な推定を用いてはゐるが大体我が国の現状に即して最低基準として二割五分の割増率が適当であると認められて本条の規定が立案された。」（「日本立法資料全集別巻 46 労働基準法解説」寺本廣作著復刻版信山社 1998 年出版、240-2 頁）とあります。

　所定八時間労働制、"賃金規定の時間的基準"は、昭和 22(1947) 年労働基準法に定着し、1 世紀を経た今日に及んでいます。

(12) 賃金規則作成の指針と作成例（モデル賃金規則）

－昭和 15 年 10 月 19 日改正賃金統制令

（賃金統制令の公布）

　昭和 13(1938) 年 5 月 5 日施行の国家総動員法のもと、14 年 4 月 10 日賃金統制令(14 年 3 月 31 日公布、勅令 128)が施行され、10 月 18 日賃金臨時措置令(勅令 705 号) でもって未経験労働者の賃金統制が具体化されます。大阪府にあっては、昭和 15 年 7 月 24 日、賃金統制令にもとづき大阪府賃金委員会の諮問を得て、新規雇入者の初給賃金の標準額が定められました(大阪府告示 974 号)。これは、当時の人手不足を反映して高騰する初給賃金を抑制するために設けられた制度です。

（改正賃金統制令による賃金統制の趣旨）

　賃金臨時措置令は 15 年 10 月 19 日をもって失効するので、統合された改正賃金統制令が 10 月 19 日に公布されました(勅令 675 号)。勅令の公布日、担当である厚生省労働局長は、府県長官・各鉱山局長宛宛「賃金統制令改正勅令施行に関する件」を通牒します（厚生省発労第 64 号)。この通牒で改正令の趣旨を、「利潤統制其の他の産業統制方策に照応して**戦時**物価政策の円滑なる施行に資せんとするのみならず併せて**戦時下**に於ける労働者の生活を確保し労働生産性の向上を図り労務需給の適正を期するの趣旨に出でたるもの」と説明します。

（改正賃金統制令による賃金統制の仕組み）

　今日統制の詳細について知る必要はないと思いますが、NDL で手近に見られ、しかも大阪府の賃金規則作成指針と作成例が掲載されている「問答式改正賃金統制令の解説」 _{附工場会社商店賃金規則模範作成例」 商工経営研究会編大同書院昭和 16 年 12 月 10 日）を利用します。}

「二、賃金統制令の統制方式はどう定められておりますか」という問に対しての回答（5 頁)。
「先ず第一には個々の労務者に付いて、**最低賃金、最高初給賃金及最高賃金**の公定と謂ふ方式を採用したのであります。次には事業場を単位として**賃金総額制限の方式**であります。」（6 頁)、「〔**最低賃金は**〕不当な低賃金に因る労務者の生活の不安定に備え以て**戦時下**に於ける労働力の確保を図って一般労務者を鼓舞する精神的な効果を求めんとして本制度を設けた次第であります。」、「**最高初給賃金**は労働力の不足に因る労務者の争奪を防止する為、之に一定の最高限度を設けんとするものでありまして労務の需給調整上必要欠くべからざる統制方式であります」、「**最高賃金**は日傭労務者又は之に類する労務者の賃金に付て定めんとした」（6-7 頁）とあります。
「**賃金総額制限方式**賃金の一般的昂騰を抑制する方法でありますが、〔中略〕平均時間割賃金とは支払われる賃金を其の間に於ける総ての労務者の延就業時間数を以て除して算出する労務者一人一時間当りの平均賃金を謂ふのであります。この一人一時間当り賃金を基礎として全国的水準に基いて平均時間割賃金を定めて一定期間中に於ける延総就業時間を之に乗じて算出せられる額を以て其の期間中に於ける賃金総額を制限するものでありまして賃金水準の昂騰を抑制するに最も大なる効果をもたらすものであります。之の方式を総額制限の基本方式と称して居るのであります」（7-8 頁)。

（賃金統制の重要なツールとしての賃金規則）

改正賃金統制令は、第 1 条に統制令の根拠法律が国家総動員法第 6 条に基づくことを明らかにし、第 2 条に統制の対象である労務者*〔改正前の旧令は労働者と言う〕を「左の各号の一に該当する事業に雇傭せられ労働に従事する者」と定義し、その対象事業を 8 事業列挙します。第 3 条に賃金**を定義し、「賃金、給料、手当、賞典其の他名称の如何を問はず労務者を雇傭する者が労働の対償として支給する金銭、物其の他利益を謂ふ」とします。第 4 条に賃金規則の作成、周知義務を定めたうえ、第 5 条雇傭主は賃金規則に依り賃金の支払を為すことを要すとして本令の根幹を示します。そして、賃金規則の作成・変更時の届出の手続きを定めます（第 6 条）。賃金規則は賃金統制の重要なツールとなります。加えて、監督の便宜として、雇傭主の賃金台帳の記載事項、台帳備え置き義務などが細かく定められました（同令第29条）。そして、前記「賃金統制令改正勅令施行に関する件」通牒は、「賃金台帳は従来一定の様式を設けざりしも賃金に関する帳簿書類の整備は賃金監督上最も重要なるにつき鑑み今回様式を一定せられたる」と趣旨の説明をします（通達の記十六）。

この勅令の文言には、昭和 22 年制定された現行労働基準法との類似を見ることができます。

例

→労働基準法第9条　この法律で労働者*とは、職業の種類を問わず、前条の事業または事務所に使用されるもので、賃金を支払われる者をいう。

→労働基準法第8条　この法律は、左の各号の一に該当する事業又は事務所に適用するとし、17事業を列挙

→労働基準法第11条　この法律で賃金**とは、賃金、給料、手当、賞与その他名称の如何を問わず、労働の対償として使用者が労働者に支払うすべてのものをいう。

（モデル賃金規則）

この改正令を施行する第一線機関である大阪府警察部労政課〔工場課の改称〕は、「〔雇傭主の〕取分け重要な義務は**賃金規則に依り賃金の支払いをなす**と云うことで、此の点が該規則の根本目標とみるべきものであらう。」という認識のもと「工場、会社及商店に於ける賃金規則作成の指針と其の作成例」、いわばモデル賃金規則を示しています（「問答式改正賃金統制令の解説」194-255 頁）。昭和 14 年 7 月 31 日、厚生省労働局長が通牒「賃金規則作成ニ関スル件」でもって、「賃金規則準則」並びに「賃金規則記載要領」を示していますのでこれに準拠しています（大阪府公文書館 KA-0019-1 簿冊「工場に関する例規」賃金規則ノ作成ニ関スル件昭和 14 年 9 月 13 日文書）。

（最低賃金の定め）

賃金統制令第 9 条は、厚生大臣又は地方長官は賃金委員会の意見を聴き一定の労務者に付最低賃金を定むることを得と定め、最低賃金の額を下る雇傭を禁止しています。今日の最低賃金法につながる規定です。

昭和 16 年 6 月 28 日厚生次官通牒「職工ノ最低賃金及最高初給賃金決定ニ関スル件」（大阪府労政課賃金係編「増補改訂賃金統制令実務提要」昭和 18 年 5 月 31 日再版産業厚生時報社、NDL）に

より大阪府は東京府、神奈川県、愛知県、兵庫県、福岡県と並び「第一級地」分類され（他に第二級地と第三級地があり）、初給賃金標準額、その他の細目が示されます。これにもとづき、昭和 16 年 7 月 25 日、男女、年齢別の最低賃金額、その他が示されます（大阪府告示 1194 号）。

（賃金統制令の廃止）

　戦後、昭和 20 年 12 月 20 日、賃金統制令の根拠法である国家総動員法が廃止されました（法律 44 号）。しかし、同法附則でもって賃金統制令は 21 年 9 月 30 日までその効力が保持され、10 月 1 日以後、賃金給料に対する統制は行われなくなりました(国立公文書館アジア歴史資料センター「国家総動員法廃止ニ関スル件・レファレンスコード A17110139700 」)。

　労働史、社会政策史の研究者金子良事は、〔改正賃金統制令につき〕「ここで厚生省は「賃金総額制限方式」という新しい統制方法を考え出した。」、「これは、結果的に戦後の「ベース賃金」や「ベース・アップ」の考え方を先取りすることになった。」とその歴史的意義を示されます（「日本の賃金を歴史から考える」2013 年 11 月 15 日旬報社、144 頁）。

　昭和 34 年 4 月 15 日、現行最低賃金法が公布されます。

(13) 監督制度
　　　　　　　－工場監督官から労務監督官をへて労働基準監督官へ

（工場監督官の配置）

　監督制度のない工場法は画に書いた餅であるということを工場法の先進国イギリスの経験から学んでいた当局は、法施行の前年から工場監督官を任命し本格的施行に備えます。施行時、工場監督官(同補を含む) は農商務省本省に 9 名、府県に 199 名、計 208 名、そのうち当時工業化が最も進んでいた大阪府に最多の 16 名が配置されました（「大正五年工場監督年報」大正 7 年 5 月発行 4-5 頁）。

　施行当初、地方の工場監督官は、府県の警察部に所属し、職務上は農商務大臣の指揮を受け身分上は内務大臣の監督を受けいましたが、大正 11 年 11 月 1 日に労働行政が内務省に一元化されるにともない、業務上と身分上の関係も一元化されました。

（工場監督官の職務の変遷）

　工場監督官の職務は、当初、「工場法施行ニ関スル事務」（大正 5 年 1 月 22 日勅令第 6 号）だけでしたが、大正 12 年 3 月 30 日工場法の改正〔適用工場を 15 人以上の職工を使う工場から 10 人以上に拡大するほか〕とともに公布された工業労働者最低年齢法施行に関する事務が加わりました(大正 12 年 10 月 27 日勅令 467 号)。

　昭和に入り、工場法の附属法令も充実し、2 年 4 月 6 日工場附属寄宿舎規則、4 年 6 月 20 日工場危害予防及衛生規則、9 年 5 月 30 日土石採取場安全衛生規則、10 年 4 月 9 日汽缶取締令などが制定されました。また、大阪府にあっては 7 年 6 月 3 日煤煙防止規則が制定

され、これも工場監督官の守備範囲に入りました。

こういった技術的規則に加え、11 年 6 月 3 日「退職積立金及退職手当法」が公布され、翌 12 年 1 月 1 日から施行され、この法律も工場監督官の守備範囲に入りました。この法律の適用範囲は常時 50 人以上の工場法または鉱業法の適用工場〔鉱業法は鉱務監督官が担当〕であり、12 年末の適用事業場 8,500 余・適用労働者 220 万人余に及び、この年の年間退職労働者は 68 万人余(うち工場 535 千人。男子約 38 万人、女子約 30 万人。自己都合退職 58 万人余で 85 %)であったと「労働行政史第一巻」は示しています(324 頁)。 この法律は、失業保険制度の先駆けをなし、昭和 16 年制定の労働者年金保険法に吸収されます〔労働者年金保険法は昭和 19 年に厚生年金保険法に改称され、今日に及んでいます〕。

昭和 13 年 1 月 1 日に厚生省が内務省から独立し、3 月 26 日には指定町村の物品卸売業・理容業の閉店時刻を午後 10 時とする商店法が制定され、これも工場監督官の担当に入ります。同年 4 月 1 日に国家総動員法が公布され、戦時色が強まり、賃金統制令と男子一般労働者に適用される工場就業時間制限令が同年 3 月 30 日に公布されますが、これも工場監督官の担当範囲に入ります。

(労務監督官への改称)

そして昭和 16 年 1 月 15 日、名前と職務担当範囲の乖離を解消するため工場監督官は労務監督官と改称されることとなりました(勅令 39)。このことにつき、行政当局は、「労働時報」昭和 16 年 1 月号(厚生省勤労局編)「工場監督官等の名称改正に就いて」でもって次のように説明します。「四、今回の改称の主たる理由　以上の如く今日工場監督官吏の執行務即ち労働行政は其の対象の分野も工場以外に漸次拡張せられ往年の所謂『工場監督』の呼称も今日に於ては必ずしも適当なるものではなく寧ろ工場監督官吏の職務の現状より見て狭きに失する憾があるので工場監督官等を『労務監督官』に改称することにしたのである。」(4 頁)。この「労働時報」には、昭和 13 年末の工場監督官数が掲載されています。中央本省に 23 名、府県に 397 名、計 420 名、発足時に比べ倍増していました。

(主管課の工場課から労政課への改称)

先に本章（5）工場危害予防及衛生規則の制定の項で説明した史料「昭和十九年七月勤労行政概況警視廳勤労部」は、冒頭昭和 18 年 10 月現在の工場現勢を述べ、「従来工場法適用を根幹とした工場行政は近時勤労管理全般を包括し従って主管課〔工場課〕も労政課と改称し工場関係諸法令の適用の外勤労管理全般の指導監督及争議の調停等をもなすこととなれり」という状況になったことを語ります（354 頁、原文はカナ表記）。小規模県では、保安課保安係・工場係が保安係・労政係と改称しています〔秋田県の例につき、柴田知彰「昭和戦前期秋田県の職務分掌の変遷について」(秋田県公文書館研究紀要第十号 12-14 頁) 参照〕。

(戦時下の労政事務)

そして、「労務管理行政の根本方針は戦時下生産増強を第一義とする建前を採用し従来監督取締を中心とせる工場取締警察行政を全面的に生産増強推進の方向に切り替えられたり其の結果工場に対する取締法規は出来得る限り緩和し或は撤廃し許可認可事項は徹底的

に之を整理し低物価政策を本義とせる賃金取締を改め生産性刺激の為の賃金制へ移行を勧奨し又各工場事業場に於ける生産の隘路打開に対しては全面的に指導援助を為しつつあり（「昭和十九年七月勤労行政概況警視廳勤労部」354 頁）」というようになりました。結果、「従来工場及設備に関しては許可制を採用せるも之を届出主義に改め特に公害予防公安保持上必要なるものに為しそのため従来許可件数月平均一、二九一件ありしを現在に於ては僅に月平均二一件に減少したり更に政府の法令の改正指示等に基き工場法其の他の工場監督法規の取締を緩和し就業時間寄宿舎の監督等につき徹底的に簡素化を実施したり」し、工場設備行政を簡素化して、勤労管理一般、工場衛生〔結核が増加の傾向にある〕、物資の配給・斡旋、労務者の錬成指導、労働情報の収集などに努めていることを報告しています（354-356頁）。このことは、警視庁に限らず、全国の府県でも同様であったと考えられます。

　　工場及設備に関しては許可制の具体的運用につき、労働省労働基準局編著「労働基準行政 25 年の歩み」（昭和 48 年 2 月 20 日労務行政研究所発行）に工場法施行時代以来工場の指導監督を行ってきた佐原信一は次のように述べておられる。
「小生がかつて戦前に工場法についての東京の工場災害防止等の監督行政をやったことを想い起こすと、大正末期から昭和中期当時（昭和一一、二年ごろまで）工場設備（増設も含む）に当たっては、すべて許可制であり願書がわれわれのところへ提出されると、建築、機械、化学、電気関係の技術者がそれぞれの立場から審議し、その工場で働く労働者の安全衛生の措置はもちろん、あわせて騒音、振動、有害ガスの放出の処理、廃液の処理その他による附近住民に及ぼす影響すなわち公害防止の措置についてまでも検討し、一応実地検査して、場合によっては設計を変更させることもあり、落成すれば一部落成検査も必要により実施するなどして確実に計画どおりかを確認して使用許可証を交付のうえ、稼働させるという経過でありました。」（199 頁）。

　　この様変わりを、「労働行政史第一巻」は、第三編厚生省時代第一部厚生省第一期時代（自昭和一三年一月至同一六年一二月）第二章労働者保護行政第一節概説に「以上のようにこの時代における労働保護行政は戦時的要請から、いわば停滞状態にあったが、この間にあって一三年八月商店法が制定され、従来保護行政の枠外にあった商店関係労働者の保護が図られたことは特筆すべき事項である。また、一六年三月には労働者年金保険法が制定され、工場、鉱山、交通運輸業等の保護に関し、その生活不安の除去の目的をもって、老令、廃失、死亡の場合の年金制度が確立された。」、「このほか、この時代においては行政指導として労働者の栄養問題、体育問題、労働能率増進問題等も取り扱われ、労働保護行政の分野は拡大されたのであるが、他面戦時の軍需生産増強の見地から労働生産性の昂揚と労務管理の指導を国家が行うこととなり、軍需生産増強の至上命令の名の下に、真の意味の労働保護行政が眠りを強いられる端緒ともなった。」と述べています（655 頁）。「労働行政史第一巻」に付録する「労働行政史余録」には、内務省社会局で要職にあった北岡寿逸国学院大学教授が「旧社会局の思い出」を語り、「厚生省は全体主義の立場よりする労働行政を行った。それは社会政策に非ずして戦時政策の一環に過ぎなかった」（11 頁）と断じています〔昭和 35 年 11 月 5 日の日付あり〕〔アンダーラインは著者〕。
　　大阪府にあっては、労政課発足間もない昭和 16 年 10 月 1 日（太平洋戦争直前）現在、職員は課長以下 104 名を擁しています（「大阪府職員録」府総務部人事課編、NDL）。しかし、「昭和十七年大阪府警察統計書」（昭和 19 年末現在による事実、大阪府公文書館保管簿冊としては戦前

最終のもの)によれば、同課に所属する警部補以下の一般職員は 27 名となっています(6 頁)。根拠史料が異なりますので、単純に 4 分の 1 に減じたと言うことが、できるか分かりませんが相当数の減員であったと推定されます。

（労働基準監督官の発足）

　戦後、昭和 20 年 12 月 10 日厚生省労政局長・内務省警保局長連名通牒「地方勤労行政の内政部移管に関する件」（労発 32 号）をもって、勤労行政と社会保険行政が労働行政事務が警察行政から一般行政に移されます。そして、22 年 4 月 7 日労働基準法が公布されます。この法律により「労働基準監督官」の制度が同年 9 月 1 日から発足し、今日に至っています。

第V章　労働基準法の誕生と工場法の廃止

－昭和 22(1947)年 4 月 7 日

　昭和 22(1947)年 4 月 7 日、労働基準法が公布され、9 月 1 日に施行されました。同法附則第 123 条により、工場法は工業労働者最低年齢法、労働者災害扶助法、商店法、黄燐燐寸製造禁止法及び昭和 14 年法律第 87 号（青年学校令により就業する 16 歳未満の者の就業時間の制限に関する法律のこと）とともに廃止されました。大正 5(1916)年 9 月 1 日施行された工場法は、31 年後に廃止されたということです。

　昭和 24 年 9 月 20 日、労働基準法の施行結果が昭和 23 年労働基準監督年報(第一回)として報告されます。同報告は、冒頭「嘗ての労働保護法たる工場法は大正 5 年 9 月 1 日施行されたが、同法に基く工場監督の状況は工場監督年報として毎年編さん発行されていた」、「その後戦時体制の悪化につれ、労働保護行政が後退するに及び、工場監督年報も昭和 14 年度を最後としてその発行を停止するに至った」、「この年報では、過去十年間にわたる監督年報の空白期間について労働保護行政の消長を回顧することとしたが、戦時中の資料が散逸したため十分ではなかったので、その変遷の大綱だけを記述することとした。」と述べ工場法時代を回顧します(1-3 頁)。この回顧が、「第一章　労働基準法制定までの労働保護行政」です(1-10 頁)。

　以下、変遷を叙述する「第一節行政組織」「第一款労働保護行政の発足」(1-2 頁)の記述を分節し見ていきます。

　(1)「工場法制定以前の労働保護行政は、公共の危害防止と風紀維持の目的から、警察行政の一環として取扱われていたに過ぎなかった。」とあります。

　小史が、第 I 章工場法施行以前の工場取締として述べたところです。労働時間や賃金にかかる "労働保護行政" は、工場法の実現を待たねばなりませんでした。しかし、この時期は工場法への歩みが始められ、明治 19 年 3 月 10 日長野県「蒸汽汽罐取締規則」のように、今日のボイラー等安全規則(労働保護と公益の保護を合わせ持つ)につながる重要な動きのあったことを見逃すことはできません。小史第 II 章 (1) 工場法の制定理由で確認しましたように、「当時農商務省当局においては、工場法をもって単なる職工保護の立法とみずして、工業の健全なる発達のために必要なる立法と考えたのである。」という立法理由を確認しておく必要があります。

　(2)「大正 5 年 9 月工場法施行に伴い、農商務省商工局に工場課が設置されて工場法の施行をつかさどり、地方の施行機関としては地方長官がこれにあたり、警察部において、その事務をつかさどることとなった。施行にあたる職員は、工場監督官及び同監督官補の他に警察官及び衛生官であった。このように工場法施行の権限は、中央官庁に属していたが、実際問題としては地方官庁が工場法施行に関して廳令府県令を発する権限を有し、工場監督官補の任命権を有する等地方分権的色彩が濃かったのである。」とあります。

　農商務省が工場法の施行を担当した時期のことです。工場法の施行により工場で働く児童の実態を把握できるようになり、工場監督機関の掌握下に児童の工場での就業問題を解消することに寄与したこと、労働災害に対する扶助規則が実行されるようになり、これにより得られた災害疾病データをもととし、健康保険制度の実現へつながったことについて、

小史第Ⅳ章(1)児童労働の排除(3)職工の扶助から健康保険法へで述べました。

　(3)「第一次大戦後世界的に労働問題が論議の対象となるに至り、わが国においても内務省に社会局が設置され工場法施行に関する事項は社会局第二部監督課に移管された。〔中略〕地方機関については殆ど従前の通りであった。」とあります。

　工場法の所管が農商務省から内務省に移り、その主導により保護職工の深夜業禁止が昭和4年に実現したことについては、小史第Ⅳ章(2)深夜業の禁止で述べました。また、府県でバラバラであった汽罐取締規則を昭和10年に汽罐取締令として一本化したことは第Ⅰ章(2)蒸気汽罐の普及とその検査の始まりで述べました。さらに、同年、今日の労働安全衛生規則のもととなる工場危害予防及衛生規則の施行をみたことも小史第Ⅳ章(5)工場危害予防及び衛生規則の制定で述べました。

　(4)「昭和13年厚生省設置と同時にその一局として労働局が置かれ、労働局内に労政、労務及び監督の三課が置かれたが、工場法、工業労働者最低年齢法の施行、鉱夫に関する事項の外に退職積立金及び退職手当法の施行その他労働保護に関する事項が監督課の所管となった。地方機関については、なお従前の通りであった。」とあります。

　注目されるのは、この時期までは、中央が地方機関との関係において、一貫して地方分権的色彩が濃かったという認識をもっていることです。小史第Ⅳ章(5)でも、「内務省史」が「内務行政は、いわば監督行政としての色彩が濃厚であり、受身に真にやむを得ないものだけをとりあげる建前であり、各種施策そのものはつとめて地方に任せるというのが一般の態度であった。」と述べていることと符合します（「内務省史」第3巻第八章社会行政・第三節大正中期の社会行政・一時勢の変転と社会行政の転換363頁、昭和46年6月1日大霞会発行）。

　この時期に、昭和12年日支事変、13年国家総動員法施行といったように、戦時色が濃くなります。14年工場就業時間制限令、賃金統制令が制定され、工場監督官の所掌するところとなりました。昭和13年工場監督年報は、工場数113,979、職工数3,111,330人（うち女子1,209,801人39％）と報告します。同年、工場危害予防及衛生規則が改正され、安全管理者、工場医、安全委員会の制度が設けられ、今日につながっています。

　(5)「昭和十六年一月工場監督官、同監督官補の名称が労務監督官、同補と改められ、名称の示す如く労務監督官は従来の工場法の実施に関する工場監督中心から労務管理全般に関する業務を担当することとなった。〔中略〕これは一面労働保護行政の分野の拡大であったが、又他面戦時の軍需生産増強の見地から労働の生産性の昂揚と労務管理の指導とを国家の手により行う第一歩でもあり、また軍需生産増強の至上命令の名の下に、真の意味の労働保護行政が眠りを強制される端緒ともなったのである。」とあります。以下、「第二款　労働保護行政の中絶」へと続きます。

　(6)「第二款　労働保護行政の中絶」では、昭和17年2月の労務監理官制度の発足による重要事業場の中央直轄化、18年3月工場法戦時特例法による工場法の機能減殺、同月許認可等臨時措置法による工場法の機能停止、9月軍需省設置による労働行政の二元化、11月の省内機構改革による労働保護行政の喪失へと叙述は続きます。

　(7)「第三款　労働保護行政の復活」は、終戦後の20年8月26日軍需省廃止に伴う厚生省への労務管理の一元化、同年10月6日警察署よりの労務行政事務の引き継ぎ、22年5月都道府県労働基準局の設置までが叙述されます。

　回顧は、叙述の関心が労働保護に集中していること、中央と地方機関との関係について

地方分権的色彩が濃かったという認識をもっています。

　工場法は労働保護が中心的な要素であることは事実であり、そして第一次大戦後世界的に労働問題が論議の対象となるに至り、そこに最重点を置いたことも肯けます。しかし、小史第Ⅱ章（1）「工場法の制定理由」にみたように工場法＝労働保護法ではないということも忘れてはならないと思います。

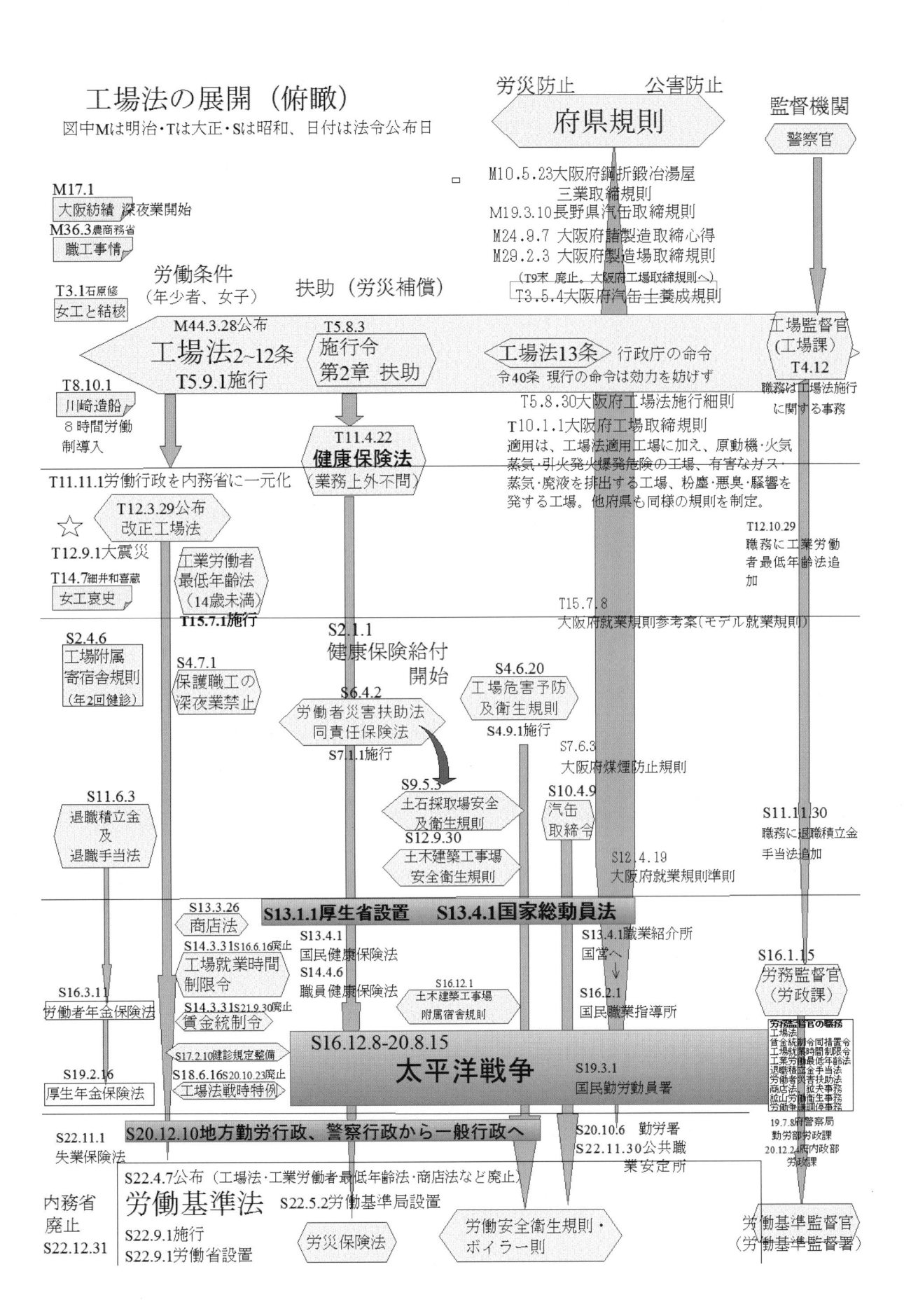

工場法の展開（俯瞰）
図中Mは明治・Tは大正・Sは昭和、日付は法令公布日

労災防止　　公害防止
府県規則

監督機関
警察官

M17.1　大阪紡績 深夜業開始
M36.3農商務省　職工事情

M10.5.23大阪府銅折鍛冶湯屋
三業取締規則
M19.3.10長野県汽缶取締規則
M24.9.7 大阪府諸製造取締心得
M29.2.3 大阪府製造場取締規則
（T9末 廃止。大阪府工場取締規則へ）
T3.5.4大阪府汽缶士養成規則

労働条件（年少者、女子）
扶助（労災補償）

T3.1石原修　女工と結核

M44.3.28公布
工場法2~12条
T5.9.1施行

T5.8.3
施行令
第2章 扶助

工場法13条　行政庁の命令
令40条 現行の命令は効力を妨げず

工場監督官
（工場課）
T4.12
職務は工場法施行
に関する事務

T8.10.1　川崎造船　8時間労働制導入

T5.8.30大阪府工場法施行細則
T10.1.1大阪府工場取締規則
適用は、工場法適用工場に加え、原動機・火気
蒸気・引火発火爆発危険の工場、有害なガス・
蒸気・廃液を排出する工場、粉塵・悪臭・騒響を
発する工場。他府県も同様の規則を制定。

T11.11.1労働行政を内務省に一元化

T11.4.22
健康保険法
（業務上外不問）

T12.3.29公布
改正工場法

☆
T12.9.1大震災
T14.7細井和喜蔵　女工哀史

工業労働者
最低年齢法
（14歳未満）
T15.7.1施行

T12.10.29
職務に工業労働
者最低年齢法追加

T15.7.8
大阪府就業規則参考案（モデル就業規則）

S2.4.6
工場附属
寄宿舎規則
（年2回健診）

S4.7.1
保護職工の
深夜業禁止

S2.1.1
健康保険給付
開始

S6.4.2
労働者災害扶助法
同責任保険法
S7.1.1施行

S4.6.20
工場危害予防
及衛生規則
S4.9.1施行

S7.6.3
大阪府煤煙防止規則

S9.5.5
土石採取場安全
及衛生規則
S12.9.30
土木建築工事場
安全衛生規則

S10.4.9
汽缶
取締令

S12.4.19
大阪府就業規則準則

S11.6.3
退職積立金
及
退職手当法

S11.11.30
職務に退職積立金
手当法追加

S13.3.26
商店法

S13.1.1厚生省設置　S13.4.1国家総動員法

S14.3.31S16.6.16廃止
工場就業時間
制限令
S14.3.31S21.9.30廃止
賃金統制令

S13.4.1
国民健康保険法
S14.4.6
職員健康保険法

S16.12.1
土木建築工事場
附属宿舎規則

S13.4.1職業紹介所
国営へ
↓
S16.2.1
国民職業指導所

S16.1.15
労務監督官
（労政課）

労務監督官の職務
工場法
賃金統制令措置令
工場就業時間制限令
工業労働者最低年齢法
退職積立金手当法
労働者災害扶助法
商店法　拡大事務
鉱山労働衛生事務
労働基準調査事務

S16.3.11
労働者年金保険法

S17.2.10健診規定整備
S18.6.16S20.10.23廃止
工場法戦時特例

**S16.12.8-20.8.15
太平洋戦争**

S19.3.1
国民勤労動員署

19.7.8府警察局
勤労部労政課
20.12.24府内政部
労政課

S19.2.16
厚生年金保険法

S20.12.10地方勤労行政、警察行政から一般行政へ

S20.10.6 勤労署
S22.11.30公共職
業安定所

S22.11.1
失業保険法

内務省
廃止
S22.12.31

S22.4.7公布（工場法・工業労働者最低年齢法・商店法など廃止）
労働基準法　S22.5.2労働基準局設置
S22.9.1施行
S22.9.1労働省設置

労災保険法

労働安全衛生規則・
ボイラー則

労働基準監督官
（労働基準監督署）

工場法小史年表

西暦	和暦	国内外の事件	工場法関係　（太字は本文に言及ある事項、他は参考事項）
1877	明治10	2.15-9.24西南戦争 京都-大阪間鉄道開通	**5.23大阪府「鋼折（はがねかじ）・鍛冶・湯屋三業取締規則」布達**（全国初の製造場取締規則） 7.1官営新町紡績所営業開始（上野国、くず糸紡績、休日は大祭日・日・年末年始、3年年期→明治15.6） **11.21東京府「蒸汽汽罐を装置する諸製造所の建設願出の事」布達**
1878	11		
1879	12	1.25大阪で朝日新聞発刊	9.27官営千住製絨所開業式（東京府、ラシャ製造、就業時間14時間、工業上疵傷扶助、→明治15.8）
1880	13		9.官営千住製絨所職工規則を更生、定時10時間・実役9時間、12時間超勤に一割五分加給
1881	14	4.7農商務省設置 （内務省は明治6年11月10日設置）	**3.21愛媛県「マッチ製造の許可制通達」8.1東京府「製造所建設出願方」布達** 12.官営愛知紡績所開業（額田郡、就業10時間始業20分前に出場、時間外3/10増、休日は大祭日・日・年末年始→明治16.4）
1882	15		**2.15大阪府「蒸気汽罐を装置する諸製造所の建設出願の事」布達**
1883	16	7.1官報創刊	東京商工会、工業上傭主被傭者間及師弟間の取締につき適当の法律を希望とするの答申 7.大阪紡績会社（通称三軒屋紡績）操業開始
1884	17		農商務省勧業諮問会、工業上傭主被傭者間及師弟間の取締法発布を必要とするの答申 8.大阪紡績、米国人技師によって電灯を取り付け深夜業完成
1885	18	12.22太政官廃止、内閣制へ	1.28内務省訓令、黄燐摺付木（マッチ）製造禁止（明治23年8月9日廃止）
1886	19	7.20地方官官制公布（府県知事制）	3.10長野県「蒸汽汽罐取締規則」布達（施行は明治21年1月1日）（全国初の缶体検査）
1887	20		
1888	21		
1889	22	**2.11大日本帝国憲法公布**	**5.29東京府「汽罐及汽機取締規則」布達**
1890	23	11.29大日本帝国憲法施行	**6.21大阪府汽罐汽機の届出・検査の義務を定める** **8.9内務省、黄燐摺付木製造禁止訓令廃止9.1兵庫県黄燐摺付木製造規則10.1大阪府同規則** 9.鉱業条例（法律87）
1891	24	12.24田中正造代議士、足尾鉱毒に関する 国会で初質問	7.農商務省、職工令等制定の要否並びにその規定事項につき各商工会議所に諮問 **9.7大阪府諸製造場取締心得**
1892	25		4.1鉱山監督署官制施行 12.20大阪紡績三軒屋工場で火災、死者95人、負傷者22人
1893	26		6.農商務省、職工条例案職工徒弟条例案規定事項の要領脱稿（公表せず、廃案）
1894	27	**8.1日清開戦**	4.13大阪府紡績職工募集並紹介人取締規則 （募集地と人数の届出、紹介人は認許、寄宿所は認可）
1895	28	**4.7日清講和**	2.別子銅山新居浜精錬所亜硫酸ガス被害住民総代40人、大阪住友本店で交渉
1896	29		農商務省、地方長官を招集し職工の保護及び取締に関する件諮問、1府14県が希望、5県は否認 10.第1回農商工高等会議「職工の取締ヽ保護に関する件」諮問 **2.1大阪府製造場取締規則布達**（「工場取締規則のモデルとなった」神岡浪子編「資料近代日本の公害」新人物往来社昭和46年7月20日17頁）
1897	30		6.志村源太郎工務局長、工場法案を職工法案と改め完成。明治32年農商工高等会議に諮詢した案の前身（「工場法論」10-11頁） 12.1鉄工組合発会（雑誌「労働世界」創刊）
1898	31		9.工場法案を各商業会議所に諮問、32会議所が法令の制定を可、7会議所が否 10-11第3回農商工高等会議に「工場法制定の件」付議
1899	32	3.10治安警察法公布	4.工場法修正案を各地方長官に諮問 **6.8内務省訓令　工場傷病者届出ニ関スル件** （職工・徒弟10人以上の工場にて入院治療を要する負傷者を届出、毎年1月7月に報告）
1900	33	2.13足尾鉱毒被害住民数千人上京阻止事件	9.3農商務省訓令工場・寄宿舎・付属建設物での事故報告（職工徒弟10人以上の工場の死傷者（3日以内の復業を除く）、火災、機械の大破、汽罐類の破裂を毎月報告）
1901	34	12.10田中正造、足尾鉱毒につき明治天皇へ 直訴（阻止）	12.7窪川忠吉「工業衛生学」刊（わが国最初の労働衛生学の教本といわれる）
1902	35		「工場法案要領」公表 2.20大阪府、工場における負傷者病者其の他届出規則改正
1903	36		**3.31農商務省工場調査掛「職工事情」公表**
1904	37	**2.10日露開戦**	
1905	38	**9.5 日露講和**	3.8鉱業法　6.15鉱業法施行細則
1906	39		**8.25大阪府立高等医学校編「大阪紡績会社視察記」同校校友会発行**
1907	40		12.22-24社会政策学会、工場法を議題に第1回大会（趣意書に社会主義反対）
1908	41	2.4-7足尾銅山争議	
1909	42		2.第26議会に提出した工場法案撤回　10.「工場法案の説明」冊子を編纂し公表 11.20製糸工女政井みね、野麦峠で息を引きとる
1910	43	8.22韓国併合	11.1工場法案を生産調査会に諮問12.1修正答申
1911	44	**1.24-25大逆事件被告12名の死刑執行**	2.2工場法案を衆議院に上程　**3.28工場法公布**　　　　東京市、公営職業紹介所3カ所開設

西暦	和暦	国内外の事件	工場法関係　（太字は本文に言及ある事項、他は参考事項）
1912	明　45 大正　1	7.30明治天皇崩御・改元	8.1鈴木文治、友愛会設立（日本労働総同盟の前身、機関誌「労働及産業」）
1913	2		10.25岡實「工場法論」発行（有斐閣）
1914	3	8.23対独宣戦**欧州大戦参戦** **（第1次世界大戦）**	1.16石原修「衛生学上ヨリ見タル女工之現況附録女工と結核」（国家医学会発行復刻光生館「生活古典叢書」5） 5.4大阪府汽罐士養成規則告示、汽罐士講習会始まる
1915	4		
1916	5		4.21大阪府警察部に工場課設置（「処務細則」） **8.3工場法施行令公布　8.15「新令　工場法の運用」同文館** **9.1工場法施行**　　適用工場数19,047、職工数1,120,328（うち、女624,886、56%） 9.22工場監督官と警察官、衛生官の共助通牒
1917	6	3.**ロシア革命**（社会主義国誕生へ）	9.12岡實「改訂増補工場法論」有斐閣 この年の紡織工業の深夜業従事者214,754うち女167,567（78%）　（「大正6年工場監督年報」） 4.3安全第一協会設立（堀口良一「安全第一の誕生」不二出版2011.12/45頁）
1918	7	8.**米騒動**9.29原敬内閣11.11**大戦終結**	3.30第1回「大正5年工場監督年報」
1919	8	6.28ベルサイユ講和条約締結 ILO設立。12.協調会設立	6.　初めての安全週間実施 10.1川崎造船所、8時間労働制実施（全国的に波及）。この年、社会問題への関心が高まる
1920	9	ILO総会、条約第1号工業1日8時間 1週48時間労働制採択	5.28大原社会問題研究所「日本労働年鑑」編纂刊行
1921	10		1.1大阪府工場取締規則　4.9職業紹介法公布 4.11黄燐燐寸製造禁止法公布11.7.1施行
1922	11		**4.22健康保険法公布** **11.1内務省社会局（外局）に労働行政を一元化**
1923	12	9.1関東大震災	3.29改正工場法公布　（常時10人以上の職工使用工場に適用拡大） 工場数25,190、職工数1,414,880（うち、女824,289、58%） 3.30工業労働者最低年齢法公布（工業労働に14歳未満の就業を禁止、施行は昭和3年7月1日） 8.28大正9年工場監督年報（第5回）社会局編纂発行
1924	13		12.29労働者募集取締令公布
1925	14		4.1大阪市市域拡張人口203万人となる（大大阪の時代→昭和13年頃まで） 7.18細井和喜蔵「女工哀史」改造社 11.産業福利協会設立
1926	15 昭 1	12.25大正天皇崩御・改元	4.9労働争議調停法公布 **7.1改正工場法、工場労働者最低年齢法、健康保険法施行**（公布は6.7） 7.1内務省社会局保険部大阪出張所設置、関西24府県を分掌 **8.4大阪府「工業主の作成届出づべき就業規則の参考案」例規（モデル就業規則）** 7.13職工扶助規則準則
1927	昭　2		**1.1健康保険法による給付開始**（保険事故は業務上外を問わず給付） 4.6工場附属寄宿舎規則公布7.1施行
1928	3	2.20第1回普通選挙	11.　谷野せつ、内務省社会局属工場監督官補採用（戦前唯一の女性監督官）
1929	4	10.24ニューヨーク株暴落 　　世界恐慌始まる	7.1保護職工の深夜業（午後10時～午前5時）全面禁止 6.20工場危害予防衛生規則公布9.1施行（新設のみ、既設は1-2年猶予） 8.1中央直轄の健康保険署を道府県警察部に移管（健康保険課設置） 12.15大阪府工場安全研究会「工場危害予防及衛生規則実務図解」発行 大阪府立産業能率研究所に燃焼指導部を設け、ボイラー用石炭の完全燃焼を推進
1930	5		
1931	6	**9.18満州事変**（柳条湖事件が発端）	4.2労働者災害扶助法・労働者災害扶助責任保険法公布 11.28同令・同則・保険料率公布 7.1.1施行（土木建設業・運輸貨物取扱業等を対象、事業主の保険料負担、長期給付も実現） 4.　東京呉服商組合から内務大臣宛「商店営業時間短縮ノ法規制定ニ関スル陳情」
1932	7		6.3大阪府煤煙防止規則制定
1933	8	3.27国際連盟脱退表明	5.20全国初の地下鉄梅田−心斎橋間に開通（開削工法）
1934	9		1.25鯉沼卯吾「職業病」刊 5.3土石採取場安全及衛生規則公布6.1施行 6.内務省社会局労働部「昭和7年労働者災害扶助年報」事業者8,160、労働者321,861 （うち、女24,728、7.7%）罹災総人員20,677うち死亡630 この年の工場法適用工場数80,709、職工数2,080,573（うち、女1,011,550、49%）
1935	10		3.　内務省社会局保険部「健康保険法施行経過記録」編集発行 4.9汽罐取締令、汽罐構造規格公布　5.1施行 12.女性監督官谷野せつ工場監督官補、警視庁保安部工場課監督係に配属
1936	11	2.26　2.26事件	4.産業福利協会、協調会産業福利部となる 6.3退職積立金及退職手当法公布　12.1.1施行 （常時50人以上の労働者を使用する工場法の適用工場・鉱業に適用）

西暦	和暦	国内外の事件	工場法関係（太字は本文に言及ある事項、他は参考事項）
1937	12	3.30文部省「国體の本義」刊行 7.7盧溝橋で日中軍衝突 9.1閣議、日支事変と呼称を定める 9.軍需工業動員法（大正3年成立）の適用に関する法律など戦時統制三法成立 10.常設的職業紹介所658（協調会「労務統制の研究」昭和18年7頁） 保健所法（49所）	4.19大阪府警察部長「就業規則準則に関する件」（モデル就業規則で皇国の強調） 9.30土木建設工事安全及衛生規則公布　11.1施行
1938	13	4.1国家総動員法公布　5.5施行 　（20.12.20廃止） 4.1職業紹介所国営へ、国民健康保険法公布（施行は7月1日） 8.24学校卒業者使用制限令 　労務統制始まる	1.11厚生省設置　工場監督官を厚生省に配置換 3.工場関係の揮発油、重油の配給を工場課が担当することになる 3.26商店法公布10.1施行（物品販売業、理容業の閉店午後10時、使用人の休日月1回） 4.16工場危害予防衛生規則改正（安全管理者（常時50人以上）・工場医（常時500人以上）・安全委員会等の人的施設）7.1施行 工場法適用工場数113,979、職工数3,111,330（うち女1,209,801、39%）NDL工場監督年報最終 7.1-7第11回国民精神総動員安全週間標語「安全報国　銃後の守り」
1939	14	4.米穀配給統制法 7.「昭和十四年度労務動員計画」策定 9.1独、ポーランド侵攻 　第2次欧州（世界）大戦始まる	3.31工場就業時間制限令公布5.1施行（16.6.16廃止） 3.31賃金統制令公布（常時50人以上の労働者を使用する工場は賃金規則を届）4.10施行 3.31従業者雇入制限令、工場事業場技能者養成令公布（4.1施行） 3.31国際労働機関帝国事務所官制廃止 4.6職員健康保険法公布 7.31厚生省労働局長「賃金規則作成ニ関スル件」通牒 10.18賃金臨時措置令公布（10.20施行、昭和14年9月18日でもって労務者の基本給を凍結、1年間の時限立法）、会社職員給与臨時措置令公布 谷野せつ、厚生省労働局監督課兼指導課へ
1940	15	4.生活必需物資統制令 6.六大都市での砂糖・マッチの切符制 11.8「勤労新体制確立要綱」閣議決定 （日本精神に基づく新しき勤労観念の確立）	6.1職員健康保険法施行 8.1大阪府、労務課と工場課が合併し労政課設置 10.20新賃金統制令施行（労務者を対象に高額賃金の抑制、賃金総額の制限、賃金委員会による最低最高賃金の公定、協定賃金等の制度、就業10時間を超える場合歩増の定め、常時10人以上の労務者を雇用する雇用主の賃金規則作成届出周知を義務化、賃金台帳、同総括表の届出）
1941	16	2.職業紹介所を国民職業指導所と改める 12.8太平洋戦争開戦	1.14工場監督官が労務監督官となる　3.11労働者年金法公布　17.6.1施行 1.15労務官制度新設（指導行政を担当、厚生省2・警視庁2・北海道1・主要府県10） 9.2賃金統制令改正　10.1現在の大阪府労政課員104名、うち労務監督官補20名 12.1土木建築工事場附属寄宿舎規則 協調会産業福利部廃止、総務部と調査部が残る
1942	17	1.塩通帳配給制 2.衣料切符制 5.国民動員実施計画閣議決定	2.10工場法施行規則（健康診断規定）改正　7.1施行 2.21職員健康保険法が健康保険法に統合 6.1労働者年金法施行 7.戦時安全週間（標語「誓って安全、貫け聖戦」） 9.1厚生省労働局長「労務者用物資の確保に関する件」通牒　9.警視庁臨検視察規程廃止 11.1「労務」を「勤労及社会保険」と改める
1943	18	1.20生産増強勤労緊急対策要綱閣議決定 3.18戦時行政特例法施行	6.16工場法戦時特例施行（保護職工の就業時間等制限規定を指定工場は適用除外） 6.16工場就業時間制限令廃止 7.1東京府, 都となる。12.22大阪府警察部が警察局となる
1944	19	3.1国民職業指導所を国民勤労動員署と改める （警察局警察部職業課を国民動員課） 11.24東京、初空襲	4.1大阪府警察局労政課が教育民生部へ移る（保険課、勤労課も）？ 7.警視庁勤労部「勤労行政概況」 7.8国民動員強化のため府警察局に勤労部設置（企画課、動員課、労政課、保険課） 労政課分掌第一号に「工場事業場に於ける勤労管理に関する事項」が入る
1945	20	1.3大阪空襲始まる（8月14日まで）	1.27労働者災害扶助法施行に関する事務を府労政課から保険課に（19.12.16厚生省勤労、保健局長発） 7.「工場事業場管理規則案」知事に移管（未発か）
		8.15終戦	8.22府労政課職務のうち危険物、圧縮・液化瓦斯、電気及び瓦斯取締に関する事項を保安課に移す（案） 10.24工場法戦時特例廃止、工場法が旧に復す　11.1施行 11.28「戦争終結ニ伴名フ勤労行政ノ推移ニ照応シ」勤労部動員課を勤労課に改称 （庶務細則中改正文書） 12.勤労及び社会保険行政が警察行政から一般行政に移行 12.24府労政課、警察局より内政部へ移管（21.1.30付労77号労政課長文書）
1946	21		7.22政府、労務法制審議会に労働保護法の起草を諮問
1947	22	5.3日本国憲法施行12.31内務省廃止	4.7労働基準法公布（9.1施行・工場法廃止）　5.2厚生省官制改正労働基準局設置

追記

　本書は、拙著・大阪労働基準連合会「基準月刊特別号**工場法施行 100 年総集編**」（平成 29 年 9 月 1 日発行）をベースとし、全面的に書き加えたものです。この特別号には、同会専務理事田野岡肇氏から懇切な "まえおき" をいただきました。感謝して、これを再掲させていただきます

まえおき

　労働基準法の母法であるといわれる「工場法」が施行されたのは、１００年前の大正５（１９１６）年９月１日です。これを記念して当連合会の広報誌である「基準月刊」は、平成２７年７月号から２９年７月号までの間、「工場法施行１００年」をテーマに大阪法円会（大阪労働基準行政のＯＢ会）横田隆氏に歴史的な経緯を書いていただきました。

　このたび、この記事をまとめて、総集編としました。

　工場法は、明治維新後のわが国の近代化にあたって、国富増進のもとである工業の健全な発達を目的に、（１）工場労働者の過当の労働を節制し（２）工業にともなうさまざまな危害（労働災害や公害）の原因を除去し（３）病気や災害を扶助（力を添え、たすける）するために定められた法律です。

　大阪府は、工業化の先進地として、工場法に先立ち、公害防止を中心とした「製造場取締規則」を明治２９（１８９６）年の昔に定め全国をリードしています（Ｐ９、Ｐ１０）。大正８（１９１９）年秋の８時間労働制の導入では、大阪府は１０７工場、兵庫県６３工場、東京府３８工場と全国を牽引しています（Ｐ１）。この年の「工場監督年報」が、「形式上より観察すれば就業時間の短縮というを得るが、これを実質的に観察するときはいわゆる就業時間の短縮は有名無実にして単に賃金規定の時間的基準を変革したに過ぎざるなり」という評価は、このたびの「働き方改革」を含め、戦後の労働基準法下の労働時間短縮に通底するようです。「戦時下の労働災害防止」（Ｐ１７）は、労働災害防止の普遍的価値を示しています。

　このように、「工場法施行１００年」の経験は、今日に通じることが少なくありません。

　大阪は、昔から、働く人を大切にする風土があります。働く人と使用者の関係を円滑なものとし、事業場の健全な発展を目的とする労働基準法をより深く知るため工場法の来し方を勉強することも意義あるのではないかと思い、この別冊を編みました。

　筆者は、高度成長期の化学品製造会社に技術職として１０年間勤務し、社内標準化・ＴＱＣ推進などの仕事に従事した後、昭和４６年労働基準監督官に任官されました。任官後は、名古屋、広島の労働基準監督署を経て、郷里である大阪に戻り、途中、山梨労働基準局都留署長に転出したほかは、大阪労働基準局管下の各地の監督署や局に勤務し、平成１４年大阪中央労働基準監督署長で退職されました。ご執筆に当たり、史料を忠実に踏まえながら、冷静な目で、現在の労働関係法令への流れを的確に説かれた姿勢に敬意を表しますとともに、一昨年度から長期にわたりご執筆頂きお礼申し上げます。

　平成２９年８月吉日

公益社団法人　大阪労働基準連合会

「特別号」編集事務局

代表　田野岡　肇

索　引

■著者紹介■

　横田　隆　（よこた　たかし）

昭和 17(1942) 年大阪市生まれ。塗料メーカーに勤めながら、昭和 45（1970）年に関西大学二部文学部史学科卒業。昭和 46（1971）年、労働基準監督官任官。愛知局、広島局、大阪局に山梨局都留労働基準監督署長、大阪局東大阪労働基準監督署長などを歴任し、平成 12（2000）年の大阪労働局発足時には総務部総務課長。大阪中央労働基準監督署長を勤めた後、平成 14（2002）年に厚生労働省を退職。労災年金福祉協会大阪労災年金相談所長、電機メーカーや人材派遣会社の顧問を勤め、平成 24（2012）年より研究・執筆に専念。

工場法小史

令和元年 10 月 15 日	第 1 版第 1 刷発行

　著　者　横田　隆
　発行者　三田村憲明
　発行所　中央労働災害防止協会
　　　　　東京都港区芝浦 3 － 17 － 12
　　　　　　　　　吾妻ビル 9 階
　　　　　〒108－0023
　　　　　電話　販売　03（3452）6401
　　　　　　　　編集　03（3452）6209

　　　　　印刷・製本　㈱平河工業社